现代农业产业化联合体
理论分析和实践范式研究

孙正东◎著

人民出版社

·目　录·

序

    以家庭承包经营为基础、统分结合的双层经营制度,是农村基本经营制度,是党的农村政策的基石。党的十八大报告首次提出构建集约化、专业化、组织化、社会化相结合的新型农业经营体系。十八届三中全会强调推进家庭经营、集体经营、合作经营、企业经营等共同发展,扶持发展规模化、专业化、现代化经营,发展多种形式适度规模经营,为坚持和完善农村基本经营制度指明了方向。中央领导同志就加快现代农业发展,提出了明确要求。习近平总书记强调,要加快建设现代农业产业体系、现代农业生产体系、现代农业经营体系。李克强总理指出,把产业链、价值链等现代产业发展理念和组织方式引入农业,延伸产业链、打造供应链、形成全产业链。汪洋副总理指出,要加快构建"接二连三"的农业全产业链,让农户分享加工流通环节的利润。因此,保证国家粮食安全,促进农业增效、农民增收,核心是农业生产经营组织体系的创新。

    安徽是中国农村改革的发源地。1978年,凤阳县小岗村的"大包干",拉开了中国农村改革的序幕。新世纪以来,安徽继续发扬敢为人先的创新精神,在全国率先开展了农村税费改革、农村综合改革和农村土地承包经营权确权登记颁证等改革试点工作。2012 年以来,在宿州市农村改革试验区现代农业产业联合体实践探索的基础上,安徽省提出了建立以龙头企业为核心、专业大户和家庭农场为基础、农民合作社为纽带的现代农业产业化联合体。这是一个新型农业经营组织联盟,联盟内实现了集约化、专业化、组织化、社会化"四化"统一,是新型农业经营体系在实践中的一种有效表现形式。孙正东同志按照省委省政府负责同志安排,亲自组织起草并推动出台了培育现代农业产业化联合体的指导意见。安徽发展现代农业产业化联合体的做法得到中央领导同志的肯定,中农办、农业部把其作为农村改革试验区重要成果向全国推介。

孙正东同志具有丰富的实践经验和较高的政策理论水平。在市县工作期间,他结合工作实际,在《人民日报》《经济管理》发表理论文章,并著有《中国特色的生态文明发展——安徽宁国市建设生态文明社会模式研究》一书。在省政府工作期间,连续 3 年牵头组织起草安徽省委一号文件,推动出台了一系列指导性、操作性都很强的"三农"政策措施。履职安徽省农委以来,又率先提出开展现代生态农业产业化建设。2016 年 4 月,习近平总书记视察安徽时指出,安徽提出的以生态农业为抓手,推进农业现代化,这个路子是正确的。

孙正东同志的又一新著《现代农业产业化联合体理论分析和实践范式研究》,紧扣时代脉搏,突出解决农业经营体系的组织化问题;紧贴主体需求,突出解决新型经营主体之间实现利益最大化问题。做到了理论创新、实践范式创新和应用模式创新,可以说,既有理论高度,又有实践深度,是理论与实践的有机统一。

"三农"领域的理论工作者、实践者,以及关注"三农"问题的社会各界人士,读后都将会有所收获、有所启迪。

陈锡文

2016 年 11 月 15 日

第一章　导　言

第一节　研究背景与意义

一、研究背景

"农，天下之大本也"，农业在中国几千年封建社会中一直居于根本地位。"务农重本，国之大纲"，农业、农村和农民问题，始终是中国革命和建设的根本问题。新中国成立以来，农业农村经济发展的历程，也是农业生产经营方式不断改革创新的过程，其核心是农业生产经营组织的创新。

1978 年，发端于安徽省凤阳县小岗村的"大包干"，拉开了中国农村改革的序幕，家庭承包责任制在全国逐步推开，这种"统分结合、双层经营"的生产经营形式契合了农村生产力发展水平，农民"交够国家的，留足集体的，剩下都是自己的"，拥有了从事农业生产的经营自主权、产品处置权和劳动收益权，迸发出前所未有的生产积极性，极大地解放了农村生产力。

1990 年以后，随着农业生产的发展和市场化进程的推进，农业产业结构不适应市场需求，农业产业组织与经营体系不适应，分散弱小的农户经营在市场的狂风巨浪中举步维艰。为有效对接市场,山东潍坊率先探索农业产业化,在全国产生了强烈反响,推动全国农业产业化快速发展。农业产业化为促进农业增效、农民增收和企业增利起到了积极作用。但在产业化经营中,公司与农户本质上是不同的利益主体,不是一个利益共同体,要带动农民共同致富,亟须在共同利益的基础上构建一种稳定合作关系。

新世纪以来,农村经济社会发生深刻变革,工业化、信息化和城镇化加速推进,传统的小农生产受到严峻挑战,商品化、专业化、规模化、集约化、组织化、社会化已成为农业发展的必然趋势。特别是"十二五"以来,各地在稳定和完善农村基本经营制度前提下,积极探索,大胆实践,加快构建新型农业经营体系,推动农业发展转型升级。新时期农业发展显示出新的特征:一是农业适度规模经营稳妥推进。如安徽省率先开展农村土地承包权确权登记颁证试点,通过转包、出租、互换、转让等方式,规范有序推进土地流转,积极开展土地入股、土地托管等。截至 2015 年底,全省土地流转面积 3788.9 万亩,其中耕地 2921.9 万亩,耕地流转率达 46.8%。二是新型农业经营主体蓬勃发展。以农业龙头企业、农民专业合作社、家庭农场和专业大户等为代表的新型农业经营主体,成为现代农业发展的新引擎。截至 2015 年底,安徽农民专业合作社 64190 个,家庭农场 33592 个,规模以上农产品加工企业 5922 家。三是农业社会化服务加快发展。农业公益性服务体系和经营性服务体系不断完善。截至 2015 年 6 月底,安徽省专业化农机服务组织 8008 个,病虫害专业化统防统治组织 10081 个,水稻标准化集中育秧工厂 1257 个,开展统配统施肥料的专业合作社 4861 个。传统的小农生产、分散的单个主体经营,已跟不上现代农业社会化大生产、专业化分工协作的步伐,农业发展的新特征、新趋势、新要求，迫切需要创新农业生产经营组织形式。

自家庭联产承包责任制以来，安徽农业生产经营组织形式大致经历了四个阶段。第一阶段是2000年以前，主要是"公司+农户"或"公司+基地+农户"形式，农户对公司有先天依附关系。一旦出现市场风险等，公司无法兑现对农户的利益承诺，农户与公司之间的合作就会中断，农户利益得不到有效保障。第二阶段，2000年至2006年，主要是"公司+中介组织+农户"形式，农民加入专业合作组织，联合起来闯市场，提高了抗风险能力。公司利用资金、人才和技术优势，开展技术指导，组织统一生产，降低了农户风险，增加了收益。但农户比较分散，在与公司的利益博弈中，缺乏共同应对公司的力量与机制，一旦公司出现机会主义，农户往往受损严重。第三阶段，2006年至2012年，主要是"公司+农民专业合作社+专业大户（家庭农场）"的松散型联合。龙头企业主导资本、技术、市场、人才等要素，社会化服务主要由专业合作社提供，传统的土地流转、土地耕作则由专业大户和家庭农场承担。但各类经营主体之间的合作，还没有从生产经营合作拓展到要素合作，没有从松散型合作走向紧密型合作。第四阶段，2012年以来，安徽宿州等地探索建立以龙头企业为核心、专业大户或家庭农场为基础、专业合作社为纽带、连接农户的紧密型组织联盟，并在全省推广开来。在这种新型的组织联盟里，农业企业有了稳定的原料供应渠道，产品质量安全有了保障，家庭农场基本解决了技术、资金、市场、社会化服务等问题，合作社有了稳定的服务对象，普通农户有了额外收入，各经营主体以契约形式结成稳定的交易关系，相互融合，建立紧密的要素链接、产业链接、利益链接，一、二、三产业融合，形成分工合作、优势互补、互惠互利的新型农业经营方式，这是现代农业产业化联合体的雏形。可以说,市场经济下,各经营主体为推动资源优化配置,降低交易费用,寻求规模经济,在相互博弈中实现利益最大化,是现代农业产业化联合体产生与发展的原动力。

当前,我国正处于经济社会发展转型期、全面深化改革攻坚期,农业农村改革发展面临着新的机遇和挑战。近年来,农业遭遇"两板挤压、双灯限行",农产品成本的地板在抬升,国内主要农产品价格已高于国际市场价格,国际价格的天花板在下压,农业资源环境亮起了红灯,农业补贴遇到了世贸组织设置的"黄箱政策"限制。如何破解难题,提高农业市场竞争力和可持续发展能力,既要让农民增收致富,又要实现绿水青山与金山银山的有机统一,是亟待解决的重要课题。

"互联网+"是一种穿透力很强的新经济生态,深刻地影响着农业发展的思维模式、生产方式和消费方式。互联网时代,需要我们激情地拥抱互联网,用互联网来改造传统农业,对接现代农业,发展智慧农业。实施"互联网+"行动计划,为大众创业、万众创新提供机会和平台。在农业产业中,从产前种子、化肥、农药的销售,到土地流转、托管、规模化经营,到农业生产过程,到农产品的加工流通,都出现了移动互联网的身影,特别是农产品电子商务的发展,带来了流通环节的扁平化、交易方式的公平化和交易过程的透明化。以互联网为核心的信息化发展,必将为农业发展带来重大机遇。农业生产经营组织方式必须顺应这些趋势的变化而变化。

党的十八大以来,中央对"三农"改革发展作出了一系列决策部署。十八大提出,城乡发展一体化是解决"三农"问题的根本途径,要培育新型经营主体,发展多种形式规模经营,构建集约化、专业化、组织化、社会化相结合的新型农业经营体系。党的十八届三中全会把加快构建新型农业经营体系作为健全城乡发展一体化体制机制的重大举措，推进家庭经营、集体经营、合作经营、企业经营等共同发展的农业经营方式创新。鼓励农村发展合作经济，扶持发展规模化、专业化、现代化经营，鼓励承包经营权在公开市场上向专业大户、家庭农场、农民专业合作社、农业企业流转，发展多种形式规模经营。鼓励和引导工商资本到农村发展适合企业化经营的现代种养业，向农业输入现代生产要素和经营模式。2014年中央一号文件围绕这个战略构想进行了总体部署，强调推进中国特色农业现代化，加快构建新型农业经营体系，深入推进农业发展方式转变，大力发展优质安全农产品，努力走出一条生产技术先进、经营规模适度、市场竞争力强、生态环境可持续的中国特色新型农业现代化道路。2015年的中央一号文件更加明确提出要走"产出高效、产品安全、资源节约、环境友好"的中国特色现代农业发展道路。2015年安徽省在贯彻中央一号文件的省委一号文件提出，要加快培育现代农业产业化联合体，出台扶持产业化联合体办法，择优扶持一批示范联合体。

中央领导同志就加快现代农业发展提出了新要求。习近平总书记强调，要加快建设现代农业产业体系、现代农业生产体系、现代农业经营体系。李克强总理在中央农村工作会议上指出，发展农业产业化，要在"内外联动"上下功夫，把产业链、价值链等现代产业发展理念和组织方式引入农业，延伸产业链、打造供应链、形成全产业链，通过完善利益联结机制让农民从产业链增值中获取更多利益。汪洋副总理指出，要加快构建"接二连三"的农业全产业链，让生产农户分享加工流通环节的利润。紧扣中央的要求，确保国家粮食安全、农业增效、农民增收,就要加快构建新型农业经营体系,推动农业生产经营的集约化、专业化、组织化、社会化,其核心是农业生产经营组织体系的创新。综上所述,培育现代农业产业化联合体,体现时代的特征,符合中央的部署,契合主体的需求,实践已有探索的雏形。为适应农村改革发展的新形势和构建新型农业经营体系的新要求,需要进一步研究现代农业产业化联合体,为创新农业经营组织形式提供借鉴。

二、研究意义

1. 现实意义

现代农业产业化联合体作为一种生产经营组织形式的创新,使农业生产、加工、流通、服务等环节有效衔接起来,推动资金、土地、技术和人力资源等要素优化组合,达到经济效益、社会效益和生态效益的有机统一,是现阶段引领构建集约化、专业化、组织化和社会化相结合的新型农业经营体系的有益探索。对于保障农产品有效供给,提升农产品质量安全水平,促进农业持续增效和农民持续增收,必将带来重大而深远的影响。安徽对现代农业产业化联合体的探索与实践,为中央"三农"政策制定提供了决策参考,也为全国提供了经验借鉴。

2. 理论意义

目前,对产业化龙头企业、家庭农场、农民专业合作社等单个新型农业经营主体的研究较多,但对各类新型经营主体融合发展的组织创新研究较少。本书是针对新型农业经营主体融合发展的组织形式创新研究,研究过程中,从规模经济、交易费用、专业分工和利益博弈四个视角,从理论上阐述了联合体内各主体间要素流动、产业链接、利益共赢的内生机理,分析联合体运营效益产生基础、形成机制和评价方法,科学界定产业化联合体内涵,并运用实证研究,对产业化联合体的运营效益定量分析,作出科学评价,据此提出发展联合体的政策措施。本书进一步丰富了新型农业经营主体、农业经营组织的研究内容,为建立健全现代农业组织体系提供了理论支撑。

第二节 研究思路与内容

一、研究思路

本书遵循从具体到抽象再到具体、从一般到典型、从理论(方法)创新到实践应用的逻辑思路。首先,在文献研究和实践经验总结的基础上,分析农业经营组织的表现和特征,概要阐述现代农业产业化联合体的产生背景。其次,分别从交易费用、规模经济、专业分工和利益博弈四个理论视角阐述现代农业产业化联合体的形成机制和演进过程,揭示其产生与发展的必然性、合理性;在借鉴国外典型农合模式的基础上,构建中国农业产业化联合体实践范式标准,提出经济、社会和生态效益实证分析框架,对现代农业产业化联合体分类的一般标准和具体标准进行了深入研究,并以安徽双福集团为例进行实证研究。最后,结合安徽省粮食产业化实际,提出现代农业产业化联合体发展的政策措施。在总结全书基础上,从学科范畴和研究方法两方面提出研究展望。

二、研究内容

本书主要包括以下九个部分:

第一章:导言。主要说明选题的背景、意义,阐述本书的研究思路、研究内容和研究方法,阐明创新之处。

第二章:研究基础与界定。从合作经营组织演化、新型农业经营主体、经营规模和效率的关系、农业经营支持政策等方面对国外文献进行梳理;从新型农业经营主体研究、方式研究、组织研究、体制研究等方面对国内文献进行梳理;对研究范畴和相关概念进行界定。

第三章:现代农业产业化联合体演化机制分析。基于交易费用理论、规模经济理论、专业分工理论和利益博弈理论诠释现代农业产业化联合体演化过程和机制。严格地说,以上四个理论中的任何一个都能分析解释现代农业产业化联合体的产生和发展过程。本书用四个理论,分别就联合体的某一方面作出分析,如:规模经济理论,主要分析动力机制;交易费用理论,主要分析约束机制;专业分工理论,主要分析作用机制;利益博弈理论,主要分析传导机制。

第四章:现代农业产业化联合体的范式研究。现代农业产业化联合体的实践范式包括内在聚合标准和外在协作标准两个方面。内在聚合包括要素流动、产业链接、利益共赢三个标准,要素流动指资源合理配置,产业链接指专业化适度规模经营,利益共赢指风险共担和利益共享。外在协作包括充分性、适宜性和有效性。本书借鉴系统管理体系的三个标准,来说明现代农业产业化联合体作为一个有机系统,与外部环境和外部主体的关系必须符合的标准和条件。本书建立了联合体综合效益分析理论框架,通过指标体系对联合体综合效益进行评价。

第五章:现代农业产业化联合体分类标准研究。现代农业产业化联合体的分类标准是实践中识别和扶持联合体的基础,是示范推广联合体的重要依据。分类标准包括一般标准和具体标准,一般标准指联合体必须满足的基本条件,是构成联合体的要件,具体标准是在一般标准基础上还应具备的条件,是区分不同类型不同示范级别联合体的具体要求。本章着重分析粮油业产业化联合体、畜牧业产业化联合体、果蔬业产业化联合体和水产业产业化联合体四大类行业不同级别联合体在经营规模、技术水平、基础条件、综合效益等方面的具体标准。

第六章:安徽省粮食产业化龙头企业实证研究。在实际调研基础上,以安徽省粮食产业化联合体龙头企业双福集团为研究对象,从理论视角和实践范式两个方面进行实证研究。分析得出,双福集团的农业产业化联合体取得了显著成效,提高了企业产品质量,降低了农业生产成本,实现了农业增效、农民增收和企业增利。

第七章:安徽省粮食产业化联合体发展研究。以粮食产业化联合体为代表,在对安徽省粮食产业化联合体广泛调研的基础上,依据统计数据、行业数据和调研资料,对安徽省粮食产业化联合体发展需求进行分析,并计算分析发展成效和存在的问题,阐述了安徽省粮食产业化实践探索模式,最后提出扶持粮食产业化联合体发展的政策措施。

第八章:安徽省现代粮食产业化联合体典型案例分析。分别选取丰乐种业、槐祥工贸公司、天禾农业科技公司和凤台粮食银行作为典型案例,通过对这些典型现代农业产业化联合体的发展历程、管理模式、存在问题及解决方案四个方面进行系统性分析,以期分别为种子繁育引领型、加工营销导向型、生产供应服务型和收储延伸保障型联合体的发展提供参考。

第九章:研究结论与展望。在对全书进行总结的基础上,分别从现代农业产业化联合体研究范畴扩展和研究方法创新两个角度对未来研究进行展望。

第三节　研究方法和数据来源

一、研究方法

1.跨学科综合分析法和系统分析法

本书依据经济学、管理学、社会学等学科理论进行跨学科综合研究;运用系统分析方法,将现代农业产业化联合体的目标、模式、经营形式和服务体系作为一个有机整体进行系统研究。

2.定量、定性研究相结合方法

现代农业产业化联合体是多重因素、多方力量互相影响的市场化结果,其综合评价所涉及的指标和参数众多,定量指标和定性指标兼具,考察方式方法多样。现代农业产业化联合体演进过程的动力机制、约束机制、作用机制和传导机制,通过归纳和演绎相结合得出。

3.一般性研究和典型案例研究相结合

一般性研究主要揭示现代农业产业化联合体的普遍性规律,典型案例研究则在一般性研究的基础上,借助已有的研究成果,结合实际调研资料分析,揭示典型现代农业产业化联合体的特殊性规律。

二、数据来源

研究所需要的参考资料和数据主要分为文献资料和统计数据。参考文献资料来源主要依靠网络搜索和查阅图书获得,相关学术网站主要有 Elsevier SDOL、CNKI、中国学术期刊网等;相关的政府网站,如安徽省人民政府网站、安徽省统计信息局网站等。统计数据资料获取的途径有两种:一是实地调研数据;二是通过因特网查询获得,主要的网站有中国国家统计信息局网站、安徽省统计信息局网站等。

第二章 研究基础与界定

第一节 国外农业经营组织研究

国外关于农业经营组织的研究涉及面广,内容丰富,涵盖了农业经营组织的内涵、特征、形成机制、管理机制和典型经营主体如家庭农场等多个方面。研究过程中,学者们采用了演绎归纳、实证研究和比较研究等多学科研究方法,以及多学科方法的融合,为本书的写作提供了坚实的理论基础和方法借鉴。考虑现代农业产业化联合体的实质是农业经营组织的联合和合作,本章在整理分析国外农业经营组织文献的时候,重点从合作经济方面进行归纳总结,主要包括合作经营组织演化、新型经营主体研究、农业经济规模和效益的关系以及合作经营的政府支持等方面。

一、合作经营组织演化

欧洲是合作经营思想的发源地,随着合作经营理论和实践的发展,农业合作经营组织和制度安排的研究也成为欧洲与农业组织理论研究的一项重要内容。在欧洲合作经营思想史上,最为典型的是马克思主义的合作制理论、法国空想社会主义学者欧文及其倡导的合作公社制度、英国的威廉·金(William King)和法国的菲利普·毕舍（Philippe Buchez）及其销售合作思想、法国的路易·布朗（Louis Blanc）和德国的裴迪南·拉萨尔（Ferdinand Lasslle）及其生产合作思想等。马克思制定了在不触动农民私有权的条件下，无产阶级领导农民从个体经济向集体经济（公有制）过渡的基本原则，明确以合作社作为具体的组织形式。马克思主义的合作制理论已经形成较为完整的理论体系。列宁为了将分散的小农经济发展成为国家集中的大农业经济，采取了两个重要措施，即在分配方面，将作为资本主义遗留产物的资本主义性质的消费合作社改造成为社会主义性质的消费公社，以便"在全国范围内用有计划的产品分配来代替贸易"，"最迅速、最有计划、最节省、用最少的劳动来分配一切必需品"；在生产方面，采取集权式的社会主义生产模式。英国的威廉·金和法国的菲利普·毕舍主张创办消费合作社，认为合作社是改造资本主义社会的有力工具，拥有劳动力的劳动者阶级要靠自己的力量，通过创办合作社的方式将劳动成果转化为资本，以避免成为资本的奴隶。此外，菲利普·毕舍主张用和平的方式谋求社会改革，认为当劳动者通过生产合作社的普遍发展，就可以摆脱资本家的剥削；他还重视合作社的公积金制度，主张将其作为合作社的永久性基金，为合作社集体公有，不分配给个人，使合作社成为永久性的组织。路易·布朗、裴迪南·拉萨尔同样主张生产合作，认为应该在资产阶级国家的帮助下创办生产合作社，国家应在资本上帮助职业相同的人们组织生产合作社，继而形成由全国性的合作社组织统一调节生产和分配。

从19世纪到20世纪，随着世界经济中心的转移，以及美国西部开发的进行和农民运动的兴起，合作社思想和制度研究的学术重心，也由欧洲转移到了美国。一部分学者开始将合作经济组织看作资本主义体系的有机组成部分,认为合作经济组织是资本主义内部的一种进化发展形式。他们以完善资本主义制度为目标,从理想主义转变为实用主义,更加重视合作经济组织的经济目标,而较少关注其社会目标,逐渐成为西方国家合作经济研究的主流。

关于合作组织未来的发展趋势,Cook(1995)认为合作组织的发展必然经历发起、分化、困难、抉择和调整五个阶段,每个阶段的合作组织呈现不同特征。在发起阶段,合作组织形成的初衷往往是为了抵抗市场风险,是防卫性的。在分化阶段,市场供给过多又希望控制市场份额的合作组织往往陷入生产经营困难,而针对市场失灵而建立的合作组织,能够有效地增加市场供给,并适当降低价格,可以继续发展。在困难阶段,合作组织往往由于产权模糊,导致组织成本和交易成本逐渐扩大,组织内外管理协调问题也同时暴露,正常运行会越来越困难。在抉择阶段,合作组织意识到产权问题的严重性,将面临退出、继续还是转型的抉择。在调整阶段,经营状况持续恶化的合作组织退出市场,经营状况相对较好的合作组织则通过联合、重组等方式继续发展,或者通过对内部进行资本结构化,来明确社员的资产份额和按份额投票,以产生继续发展的内部动力。

二、新型农业经营主体

在国外农业经营主体研究方面,学术界普遍认为,发达国家的农业经营主体分为企业化经营的农场、兼业农户和合作经济组织三种类型,同时,企业化经营的农场又分为家庭农场和公司型大农场。约翰·汤姆森(John G. Thompson,1921)认为,土地、劳动力、资本和管理是影响农场经营的四个基本要素。而传统农业的发展瓶颈主要是农民长期使用某一类农业要素投资的低收益率。传统农业的弱质性的根源是农民在经营农业过程中,对于自身能够支配的资本、技术等要素所组成的"生产技术"效用没有得到充分发挥,因而需要通过提高人力、物质、资本等农业生产要素的有效供给来改造传统的农业生产方式(舒尔茨,1964)。Emelianoff(1942)、Enke(1945)、Philips(1953)、Bateman(1979)、Sexton(1986)等专家认为,合作社是实现资源要素利用率最大化的最适宜组织形式,能使得生产者剩余和消费者剩余总和最大化,从而实现社员收益和社会效益最大化。Alchian & Demsetz(1972)、Jensen & Meekling(1979)、Fama & Jensen(1983)等指出,由于组织制度的不完善,在合作社的运营过程中,存在机会主义风险,社员对于资产的优化组合和长期投资缺乏规划,合作社组织成本较高。Demsetz(1999)认为,传统合作社并不是以合作组织主体盈利为发展目标,通过改进管理模式带来的效益只能由合作组织成员共享,从而降低了合作社管理者的积极性,引发管理者机会主义,增加合作社监督成本。Cook(1995)、Fulton(1995)、Harris & Stefanson(1996)、Boehlje(1996)等通过比较分析传统合作社与现代合作社的异同,认为现代合作社出现以后,合作社制度特征和制度绩效发生了较大变化,农业服务合作社、合作社企业及农业共同经营组合是传统合作社的主要形式,而现代合作社不仅具有国际合作社联盟的主要特征,还具有独特的新特征。如,在合作社成立之初,合作社社员需要较高的投资支出,各社员根据投资份额大小享有相应比例的可转让的交货权,另外,合作社逐渐向加工业方向发展,延伸了产业链,提高了经济效益。

此外,国外学者还认为农业产业化也是现代农业生产经营的一种创新方式,把农业生产和二、三产业联结起来,实现农业的纵向一体化或纵向协调,是综合发展经济学和农业企业的中观研究。日本著名学者速水佑次郎(2003)认为农业产业化主要表现为三个动态特征,即农产品生产之外的农产品加工、分配和农户投入供应的增长,农业企业和农户之间组织关系变革,以及农业生产部门、产品结构、生产技术和市场结构等方面的变化。Elizabeth Tebeaux(2010)从农业大户角度分析其对于促进农业产业化的作用。Céline Pelosi 等(2010)认为农业产业化过程要与生态环境可持续发展相一致,保持生态系统的完整性。

三、经营规模和效率关系

关于农业的规模与效率问题,国外学者的观点并不统一。一些学者认为农业规模经营与农业效率之间是反向关系。如 Chayanov(1986)、Amartya Sen(1966)、Bardhan(1973)在研究俄罗斯、印度等国家农业发展的过程中发现农业规模经营不会带来农业生产率的提高,两者之间存在反向变化关系。Berry & Cline(1979),Carter(1984),Reardon、Kelly & Crawford(1997),Newell、Pandya & Symons(1997)、Heltberg(1998)对巴西、印度、巴基斯坦等国实证研究结果表明,农业生产规模与农业净收益之间是负相关关系。而一些学者认为农业经营规模与农业生产效率之间是相关关系。如 Cornia(1985)通过对秘鲁、孟加拉、泰国等国的研究发现,农场规模和农业生产率之间呈正相关关系。Deolalikar(1981)认为在较高技术水平下两者的反向关系不成立。Roy Prosterman & Tim Hansitad(1998)对江苏省吴县的研究发现,农地规模大户的农业产量要比普通农户的产量高。Moreno & Perez(2011)认为美国大农场经营效率较高,3 个人就可经营一个 1200 多公顷的农场,而年产值则可以超过 200 万美元。还有学者认为农业规模与效率之间存在其他关系。Townseng、Kirsten & Vink(1998)认为两者之间的关系不显著。Carter & Wiebe(1990)认为两者之间是"U"型关系。也有学者认为农业适度规模经营更有效率。如 Anne Booth & R.M.Sundrum(1985)认为农场经营必须有一个适度的经营规模才能取得最高的单位面积产出。Hall & LeVeen(1978)通过对美国加利福尼亚的研究发现,中等规模农场在成本节约方面表现最为突出。Hoque(1988)在研究了孟加拉国的农场经营后认为 7 英亩的农地规模是最佳规模。此外,就农业新型经营主体家庭农场来说,在国外学者看来,家庭农场经营规模历来是对家庭农场类型研究的一个解释变量。Velandia(2009)认为,农场规模直接影响到农业生产和经营规模、经济管理能力、应对风险管理能力和农业人口就业等诸多方面,间接可能会影响农业生产和非农业生产间的收入比重。Ahituv(2006)等通过调查以色列家庭农场经营水平,发现一些农场往往随着时间的推移,会扩大经营规模,而直接参与农业生产的时间反而减少,非农业工作则会增加,反映出农业结构的融合双峰分布。Kimhi(2008)则认为技术进步是影响农场规模的重要因素。

四、农业经营的支持政策

国外学者普遍认为国家应给予农业发展一定的政策支持,保障农产品的供给和维护农业从业人员的利益,政策支持最有效的手段是农业政策补贴。学者基本倾向认为政策性补贴对于促进农业生产经营和保障农场农户的收入水平有着决定作用。但从农民角度的研究表明,政府性的补贴农场支付可能会降低从事农业生产的积极性,而农户同时能得到额外收入。如荷兰耕作农业的直接收入补贴措施,也并没有激发非农工作的积极性。同时,降低产品价格很可能增加非农就业。为了协调政策,Ackrill(2007)认为,多元化农场类型已成为农业和农村发展的新思路,在政策立场上,既兼顾了政府补贴对于家庭农场的支持和保护,也促进了欧盟共同农业政策(CAP)框架内多功能农业的发展。

综上所述,国外学者在合作经济组织演化、新型经营主体研究、农业经济规模和效率的关系以及农业经营的政府支持等方面开展了深入研究,研究成果非常丰富,为本书的写作提供了坚实的理论基础和方法借鉴。但国外学者的研究与我国现阶段基本国情结合不紧。一是与我国农村基本经营制度结合不紧。国外多数是农村土地私有制,我国农村实行以家庭承包经营为基础、统分结合的双层经营体制,土地家庭承包经营是核心,实行"三权分离",落实集体所有权,稳定农户承包经营权,放活土地经营权。二是与我国农业自然条件和历史演变结合不紧。欧美等国人少地多,我国人多地少,现代农业由农耕文明演变而来,区域差异大,东、中、西农业现代化进程不一样。三是与我国农村生产力发展水平结合不紧。发达国家已是现代化的农业大生产,我国正处于传统的小农经济向现代化农业大生产的过渡时期。本书借鉴国外学者的农业组织理论和研究方法,立足我国基本国情,结合现阶段农业生产经营实际,探索如何进行农业组织创新,来提高农业经营效率、促进农民增收。

第二节　国内农业经营组织研究

国内学者对于新型农业经营组织研究,主要集中在农业经营主体、农业经营方式、农业经营组织形式和农业经营体制四个方面。

一、新型农业经营主体研究

新型农业经营主体可分为新型职业农民和新型经营组织两大类。按照在农业生产经营过程的功能不同,新型农业经营主体可以分为龙头企业、农民合作社、家庭农场和专业大户(孟丽等,2015),也可以包括工商资本注入的各种农业产业化经营组织以及公益性服务组织等(张红宇,2015)。按照组织形式的不同,新型经营主体可分为单主体、多主体、不同主体三种(李铜山等,2013)。按照"统分结合"的农业新型双层经营制度,新型经营主体可分为专业大户、家庭农场、农业专业合作社和农业产业龙头企业等经营组织(黄祖辉等,2002)。

1. 新型职业农民

(1)专业大户。在计划经济和市场经济中,分散的小农经营最终均会被集中(温铁军等,1996),应重视小农经济与大农(场)经济新的农业"双轨并行"制度,并在国内建立和创新这种生产模式(胡必亮,2003),培育新型职业农民将是我国农业经营主体中亟须解决的问题(贺雪峰,2011)。大户经营是农业发展再次飞跃的新型路径,也是新型农业革命的标志(杨国玉、武小惠,2004)。农业大户经济以市场为导向,专业化和市场化水平较高(张晓山,

2007），是改革农村生产关系的主要力量，是推进农业产业化和现代化发展的重要力量，体现着现代农业先进生产力发展方向，其能够带来农业生产的新的飞跃（刘德骥，2004），农业大户生产应积极培育。

（2）家庭农场。我国家庭经济是合作经济组织的基础，新型家庭经济的出现有其必然性和必要性。现代农业发展的集约化、规模化经营趋势必然选择家庭农场式经营（朱学新，2006）。家庭农场也是当前国家发展新型农业经营主体的基础，必将成为我国农业生产组织的主要形式之一（罗必良、杨万江，2014）。家庭农场的经营目标就是满足市场需求，应当作为中坚力量融入大农业发展，推动农业转型发展（漆彦忠，2015），而现代家庭农场的重组对于我国农村战略性结构具有非常重要的意义（张晓丽，2001）。在我国农业产业结构转型背景下，农户家庭是经营主体，而非农业企业，因此应该鼓励发展适度规模的高效益的小型农场（黄宗智，2006）。

2. 新型经营组织

（1）农业合作组织。新形势下，发展现代农业应恢复农业合作经济发展活力，推动其高效健康发展，并积极鼓励农民建立新型合作经济模式，着重发展新型合作经济。这种新型合作经济不仅要注重家庭在农业经营中的主体地位，更应注重农民合作组织的发展（陈锡文，2012）。专业化合作社是我国农业经营制度改革的重点方向，也是解决当前"三农"问题的根本出路，应特别鼓励发展实力较强、组织完备的新型农民专业合作社，应组建由专业大户和龙头企业为主导的专业化合作社，真正实现农业和农民的有效扶持（张晓山，2012）。农业生产的风险性、自然分散性和家庭性决定了农民合作经营的普遍性,农民专业合作社是解决小农户和大市场之间矛盾的有效模式,并依靠辐射作用带动区域内农户共享发展,农业合作组织是我国发展现代农业的必然选择,是实现传统小规模经营向现代化经营的钥匙,应大力发展(黄祖辉等,2002)。

(2)农业产业化龙头企业。在农业产业结构调整过程中,龙头企业地位极其重要,在农业产业化经营中起关键作用(杜鹰,2004)。龙头企业不仅仅是农产品的生产者,也应承担部分社会经济责任,带动基地和区域农户增收(李国祥,2011)。融合农产品生产、加工、销售的"农户+龙头企业"生产模式是我国农产品的主流渠道模式,将有助于解决当前农业生产中"小农户"与"大市场"的矛盾(赵晓飞、李崇光,2007)。此外,农业龙头本身实力较强,在面临市场风险和市场竞争时较农户具有较强优势,是农业产业化的核心力量,发展龙头企业有助于建立紧密的利益联结机制(李炳坤,2006)。因此,应鼓励工商企业投资农业,参与农业生产经营,推动农业产业化经营,但应完善退出准入机制,防止资本投机行为和农田"非粮化""非农化"(韩长赋,2012)。

(3)多重经营主体。伴随我国农业经营主体发展形式的多样化,提高农业经营主体市场竞争力,改变农业的弱势地位是我国农业发展的首要任务(杨斌,2006)。发展现代农业经营主体是推进农业规模经营的必要条件,应大力培育专业大户、家庭农场、农民专业合作社和龙头企业等新型农业经营主体,提高农业生产的专业化和标准化、规模化和集约化水平,建设现代化农业(孙中华,2012)。目前,家庭农场、专业大户、专业合作社和农业企业已成为我国现代农业发展的核心主体,但仍然存在着诸多问题和困难

（黄祖辉等,2002）,自然环境、经济社会形式和土地流转等因素影响经营主体的发展（于亢亢等,2012）。从合作经营上说,村级经济合作社是实现集体统一经营的重要组织形式,新型农民合作社能够成为小生产和大市场之间的桥梁,专业大户、家庭农场是实现土地规模化经营的基础,农业企业是实现农业生产经营管理企业化的主要力量（彭海红等,2014）。传统合作社模式和"龙头企业+农户"模式缺陷较大,应建设推广"龙头企业+合作社+农户"或"龙头企业+大户+农户"等新的组织模式。

二、新型农业经营方式研究

1. 现有农业经营方式分析

目前,农业生产愈来愈重视品牌化和便利化,传统的家庭生产经营模式已经难以适应现代市场经济发展要求,农户分散经营难以达到市场对农产品数量和质量的要求,且生产专业化水平和市场竞争力均较低,传统农业生产经营矛盾逐渐凸显（李建中,2006）。与传统农业生产相比,现代农业生产更侧重于专业化、规模化、区域化、社会化、信息化和组织化,生产工具更先进,技术水平更高,市场联系更紧密,生产效率更高（邓俊锋,2008）。

2. 新型农业经营方式的发展趋势

为解决传统农业经营中出现的规模小、分散化、效益低等问题,必须基于家庭承包经营,解放思想,创新生产经营方式,改善管理水平,完善组织模式,着力发展农业产业化经营,构建新型现代农业经营方式（方志权,2010）,推动农业经营形式逐渐向公司化、园区化、合作化方向发展（李俊超,2007）,从根本上提高农业生产的专业化、标准化、规模化、集约化经营水平（刘欢,

2015）。伴随土地流转的加速推进，大型规模化经营逐渐成为国内农业经营模式发展方向，主要表现为农村适度规模经营和农垦大农场式规模经营。其中，国家现代农业示范区更能发挥各种农业生产要素的整合和配置作用，是我国农业生产力发展到一定阶段的必然产物，是一个值得推崇的现代农业发展模式（梁丹辉、江晶，2014）。

三、新型农业经营组织研究

1. 新型农业经营组织发展成因

从内因来看，社会经济存在内在发展动力需求和制度创新需求，在政府的创新引导下，新型农业经营组织应运而生。农业成本的比较，决定了农户对生产组织的选择，是农业经营组织模式转变的关键因素（王礼力、赵晓锋等，2002），小规模经营无法承担高昂的交易费用，因此推动农村合作经济组织发展是交易费用降低的有效制度安排（袁迎珍，2004）。当前，农村新型微观组织的发展路径融合了原有的组织模式和创新型的合作经济模式，并加以创新发展。农业产业链由分离走向整合、由纵向整合走向混合整合，发生了明显的变化，农业经营组织体系呈现不断创新和改进的显著趋势（廖祖君、郭晓鸣，2015）。

从外因来看，政府政策目标及其采用的相应措施是推动农业生产组织形式变化的重要原因。在价格、择业充分自由的条件下，家庭农场将可能是未来农业生产组织的重要形式（罗必良，2004）。从国家产业安全的角度来看，产业组织服务于产业安全，需要进一步优化产业结构、调整产业布局，实现产业整体竞争力和安全度的提升，从而有效保障国家经济安全（李孟刚，2012、2013）。

2. 新型农业经营组织模式

我国农业经营组织体系经历了从"小农户、农业公司"到"公司+农户"再到"公司+中介组织+农户"或"公司+合作社+农户"的发展轨迹(廖祖君、郭晓鸣,2015)。在不同类型的新型经营主体中,应确立家庭农场的核心主体地位,适度发展合作社,重点发展与家庭农场进行产业链条上分工的合作社,严格限制资本下乡型龙头企业直接租用土地的经营范围,以构建新型农业经营体系(龚松柏、闪月,2015)。

张义珍、张素罗等(2002)认为,由于区域差异、产业不同而使得农业经营主体组织化也呈现出一定的差异,因此在发展农业经营组织时,需要充分发挥典型示范和供销社等的作用。张晓山(2006)认为,在宏观经济政策调整和经济全球化冲击下,推动中国现代农业发展和提升中国农产品在国际市场上的竞争力,需要不断变革农业基本经营制度,延伸产业链条,培育发展多样化的农业组织形式和联结方式,尤其是推动农民专业合作社的发展。因此,在新型农业经营组织构建过程中,农民组织应该从传统的专业协会转为更适应市场经济发展要求的专业合作社(黄胜忠,2009),还需要引入组织中介,以克服合作社资金不足、缺乏抵押性资产和"龙头企业+农户"契约有效约束性不足的缺陷,从而形成农业产业化主要的组织形态,即"龙头企业+合作社+农户"或"龙头企业+大户+农户"(周立群、曹利群,2001)。

3. 农业产业联合体

基于一般新型农业经营组织形式,产业联合体作为一种最具典型发展模式已被学术界所提倡。一些专家指出,以"公司+基地""公司+农户"或"公司+基地+农户"形式的农业产业化组织是一种联合的经营机构。早在 1988 年,由江苏省种子公司、扬州市种子公司和扬州市红旗良种场成立的江苏扬子小麦良种生产经营联合体,是常规粮食作物良种实行专业化生产和经营的一个新的尝试(施永基,1988)。张明权等(2013)指出,现代农业产业化联合体是农业产业化经营的具体形式,由农业企业、家庭农场、农民专业合作社三大经营主体融合形成,其中农业企业是联合体的龙头,家庭农场是联合体的基础,农民专业合作社是纽带,三大主体通过利益联结和运行机制协调释放出乘法效应。蔡海龙(2013)认为农业组织形式的纵向创新提高了产业链的资源配置效率,有利于各种要素资源发挥规模优势,从而提高农业生产效率和规模收益。近两年来,安徽等地在专业化分工基础上探索性建立的现代农业产业化联合体,不仅考虑交易费用的降低,更加考虑各种要素资源的融合,并且将农业生产主体定位为家庭农场,符合农业现代化和产业化的发展要求。

4. 影响新型农业经营组织发展的因素

作为新型农业经营组织,产生和发展过程无疑会受到与农业相关的土地、劳动力、资本和技术等农业相关因素的影响与制约。新时期土地流转是新型农业经营主体培育的重要内生因素,也促进了新型农业经营主体的规模经营,发挥着土地资源再配置作用(李行天等,2015)。土地流转过程中,农户成为职业农民的可能性、向非农产业转移的容易程度、土地流转的增收效应和土地流转收益分配的公平性感知对农户持续参与意愿有显著影响,并且农户的年龄、家庭平均文化程度、健康状况、村内企业数量、非农就业技能熟练程度、流转地在养老保障中的作用、可支配收入增加值、房屋价值增加值、纵向公平感知、横向公平感知等变量对农户的持续参与意愿都具有显著影响效应(曾冠琦、孙养学,2015)。目前,在我国劳动力供给形势趋紧的情况下,劳动力转移对农业生产经营组织形式创新具有双重影响:一方面能够缩小城乡差距,加快农户参与合作社;另一方面劳动力转移对农户家庭收入的影响明显大于生产经营组织形式的创新,农村劳动力转移可能有利于农户参加合作社,但不利于参加了合作社的农户发展成为专业大户(李宾、马九杰,2014)。苟露峰等(2015)从农业生产经营者决策行为的视角出发,分析了农业生产技术影响因素,指出耕地面积、农户的受教育水平和接受的培训以及农业技术应用的获利情况对家庭农场经营者应用农业技术产生正向影响;而订单农业、专业合作社等形式对农业技术应用具有负向作用。王恺(2015)认为,在农业特有的自然属性、农产品市场的不确定性以及农户自身科学素养的缺乏等内外部因素共同作用下,农业发展面临着诸多经营风险。而且,我国的风险管理仍然存在着诸多问题,尚未形成合理化组织化的体系,有待于进一步加强和推动。新型农业经营组织发展势头良好,在推进现代农业发展中作用显著,但新型农业经营主体发展仍面临国家相关扶持政策落实不到位、普遍存在乱收费现象、国家相关耕种补贴款存在错配、在市场竞争中处于弱势地位、农业保险体系尚不完善等问题(汪发元,2015)。

四、新型农业经营体制研究

农业经营体制机制创新是当前农业发展的迫切任务(张红宇,2015),其关键在于组织形式、资源整合、发展机制上实现创新。国内新型农业经营体制创新的研究主要集中在农业经营体制创新的背景、路径、重点等方面的研究。

1. 农业经营体制创新背景

目前,我国农业发展处于传统农业向现代农业转型发展时期,农业家庭经营因其自身局限性,已经不适应现阶段农业发展,但仍然将在很长一段时间内存在,促进农民增收,推动"四化"同步发展的内在需求,亟须进行农业经营体制机制创新(张红宇,2015)。其中,各种类型的农民专业合作组织的涌现和发展,是农业经营体制创新的具体表现,是传统农业向现代农业转变的必然要求,农业经营模式创新不仅对农村深化改革、现代农业发展和全面小康社会建设具有重要现实作用,而且也是推动工业化、城镇化、信息化、生态化发展的必然要求,必须推动农业经营模式向着"高产、高效、优质、生态、安全"的目标前进(谢存海,2015)。新型农业经营主体的反向驱动力也是促进农业经营体制创新的一个重要因素(冯小,2015)。农业改革发展中,地方政府往往采用资本投入等方式培育新型农业经营主体,这些新型农业经营主体不仅要求地方政府在基础设施、惠农政策、支农项目等方面向他们倾斜,而且还成为基层农业治理结构中强有力的博弈集团。他们与地方政府的诸多博弈行动逐步"倒逼"政府,使农业治理的目标更加失衡与单一,这对当前农业治理提出了新的挑战。

2. 农业经营体制创新路径

李明贤等(2014)认为,需要界定专业大户、家庭农场、农民专业合作社和农业企业及经营性农业服务组织等新型农业经营主体的主体功能定位。新型农业经营主体的发展要在现代农业发展的总体要求下构建多层次、复合型新型农业经营体系,明确各类经营主体各自的重点领域、功能作用以及相互关系,充分发挥各类经营主体的相对比较优势,强化资源整合、规范法律支撑、合理确定行业经营原则、重塑诚信体系等,以促进其整体功能的发挥。

阮文彪(2004)认为,坚持以农业家庭经营为微观组织基础是农业经营体制改革创新的重点,应该着力围绕提高家庭经营制度效率的要求,有效降低农户参与市场的交易成本,不断深化土地产权制度、交易组织制度和收益分配制度的改革,实现各种类型的产权组织形式并存和多种经济成分共同发展。胡必亮(2003)认为,在汲取农业发展的国际经验下,我国在农业发展步入新阶段的背景下,应该突破传统,创立一种融合自给自足型的小农经济与商业性的大农经济、同时并行不悖发展的新的农业"双轨并行"制度。邵峰(2003)指出要实现农业经营体制创新,需要实现四个主体"四位一体",即把专业大户培育成农业生产主体,龙头企业发展为农业市场主体,专业合作社建成为农业服务主体,农业行业协会发展成为农业管理主体。

3. 农业经营体制创新重点

农业经营体制机制创新重点要在坚持家庭承包经营制度的基础上,促进专业大户、家庭农场、农民专业合作社和龙头企业的发展壮大,加强农村集体"三资"管理,创新农村集体经济发展新模式,构建新型农业社会化服务体系(陈晓华,2012)。一些学者认为,农业经营体制机制创新要坚持生产力标准、维护农民切身利益、统筹城乡发展、依法与创新相结合的原则,不断推动农产品流通、农业保障、农业信息、农产品标准和检疫检验等体系制度的创新,完善利益调节、服务保障、多元投入等机制,构建高效支撑体系和合理运行机制,同时加强土地承包经营权能、适度规模经营、新型农业经营主体等理论问题研究(李树超等,2006)。黄祖辉等(2002)认为,应从家庭经营制度、合作经营制度、双层经营制度、产业化经营制度和行业组织制度出发,构建新型农业经营体系,大力推动五大制度创新。

目前,我国农业经营组织体系不断创新和改进的趋势日趋显著,农民合作社的地位日益凸显,需要通过一系列的制度设计,促进农民合作社规范化和标准化,提升其作为龙头进行产业链整合的能力,并积极为新型农业经营主体流转土地创造条件和给予支持,消除某种程度上农业产业化进程与农民利益保护之间的"二律背反"现象(廖祖君等,2015)。由于农户、农民专业合作社和龙头企业等经营主体发展的不平衡性,新型农业经营主体应根据不同地区经济发展水平,尝试构建龙头企业与农民合作社利益联结模式,促进多方共赢局面(杨孝伟、尚士涛,2015)。其关键在于创新和完善现代农业经营主体与农户的利益联结机制,设立风险基金、可盈余分配和利润返还等,多形式建立与农户之间紧密的利益联系,从而推动农民专业合作社等现代农业经营主体发展(肖良等,2015)。

综上所述,国内学者结合我国农业组织发展实际,在农业经营主体、农业经营形式、新型农业经营组织和农业经营体制等方面进行了深入广泛的研究,研究成果非常丰富。研究成果和方法,不仅为本书的研究提供了借鉴的理论和方法,也为制定实施现代农业产业化战略提供决策支持。随着我国经济进入新常态,以改革创新增强内生动力,促进农业发展升级,需要在机制和动能转换中推动经济发展。农业信息化的加快和分享经济的发展,农业生产经营者之间联合与合作日益紧密,新型农业经营主体组织形式不断创新,出现了许多新动向、新问题,需要加以深入研究并采取新措施。严格意义上说,国内目前关于农业生产经营组织新趋势、新变化和新实践的研究较少,理论研究已经滞后于社会实践。本书在理论研究和实地调研的基础上,结合安徽省现代农业产业化联合体的实践探索,详细阐述了现代农业产业化联合体的内涵、特征以及组织模式,深入分析现代农业产业化联合体的形成机制和实践范式,并运用安徽省现代农业产业化联合体中龙头企业生产经营活动分析验证现代农业产业化联合体的形成机制和实践范式,为政府决策提供了有力支持,对于保障优质农产品供给、促进农业增效和农民增收,以及加快农业现代化有所裨益。

第三节　研究界定

一、研究对象

自改革开放以来,我国农业经营组织在传统自发组织基础上不断创新,出现了"公司+农户"模式、"公司+基地+农户"模式、"公司+中介组织+农户"模式和"公司+农民专业合作社+农户"模式等。本书的研究对象为现代农业经营组织最新模式,即现代农业产业化联合体。本书将现代农业产业化联合体的内涵界定为:以促进农业增效、农民增收和企业增利为目标,以同一产业品牌为市场导向,建立以龙头企业为核心、专业大户和家庭农场为基础、专业合作社为纽带,以契约形成要素、产业、利益的紧密连接,集生产、加工、服务为一体化的新型农业经营组织联盟。就外延来说,联合体中的"产业化联合体"不同于"产业联合体"。"产业"是介于宏观经济与微观经济之间的中观经济,在实践过程中表现为具有某种同类属性的企业经济活动的集合。"产业化"是指某种产业在市场经济条件下,以市场行业需求为导向,以经济效益为目标,依靠专业化服务和企业化管理形成的系列化和品牌化的经营方式和组织形式。现代农业产业化联合体是同一农业产业各产业主体内部联合,而农业产业联合体是相对农业产业一个产业与另一个产业外部联合而言的,两者有本质的区别。现代农业产业化联合体的实践范式则包括在内在聚合标准、外在协作标准有效统一基础上经济、社会和生态效益的均衡。

二、研究范畴

本书以粮食产业为基础,对现代农业产业化联合体的演化机制和范式进行了深入研究,着重分析粮油业产业化联合体、畜牧业产业化联合体、果蔬业产业化联合体和水产业产业化联合体四大类行业不同级别联合体在经营规模、技术水平、基础条件、综合效益等方面的标准。以粮食产业化联合体龙头企业双福集团为实证研究案例,对安徽省粮食产业化联合体发展情况进行了分析,并分别选取丰乐种业、槐祥工贸公司、天禾农业科技公司和凤台粮食银行作为典型案例,通过对它们创建现代农业产业化联合体的发展历程、管理模式、存在问题及解决方案四个方面进行系统性分析,以期为产业化联合体的发展提供参考。

第三章　现代农业产业化联合体
演化机制分析

现代农业产业化联合体作为现代农业的新型经营组织,其演化也经历了组织变迁、调整适应和优化定型等不同阶段。在演化过程中,作为一个经济人联合的组织,经济利益是其追逐的目标,各种经营主体由分散的独立经营走向联合的适度规模经营,获取规模经济效益是其主要动力。联合体成立以后,以前各经营主体大量的市场交易转移到了联合体内部以契约形式进行,通过主体间的正式契约约束着各自的行为,降低了交易费用,优化了资源配置。在具体生产经营过程中,联合体通过产业链的纵向延伸和横向拓展,不断深化农业分工与专业化程度,促进生产效率的提高。为了保障联合体持续发展,联合体必须建立有效的风险共担、利益共享机制,使得各主体都能获得相应的经济利益,整个社会则获得一定社会效益和生态效益,通过有序合作竞争,使得加入联合体成为自觉行动、各主体自觉维护联合体健康运行,政府也愿意支持联合体的发展。

第一节　规模经济理论视角

规模经济是与规模经营、规模报酬相伴的一个经济现象,属于生产力的范畴,一般用于探讨经济活动中各种生产要素投入量和投入方式的不同组合可以获得的效益情况,即研究不同经济活动的最佳规模以及最佳规模的效益。农业规模经济是以要素的不可分性和规模报酬递减为基础的,对它的理论研究可以追溯到古典经济学家关于土地报酬递减的研究。17 世纪英国经济学家威廉·配第在其《政治算术》一书中阐述了"报酬递减"分析模型。18 世纪亚当·斯密提出,专业分工和规模经营可以使劳动生产率得到大大提高。经济学家杜尔阁最早全面论述了报酬递减规律,他基于投资和劳动等要素的增减变化,采用边际分析方法和生产函数,分析和描述了"土地报酬递减律"。此后,农业规模经济理论随着专业化、分工理论的不断深入研究和数理分析方法的普及应用,得到不断充实和完善,现已形成一个比较完整的体系,出现如"一般农业经济学规模经济论""传统农业经营学规模经济论""农业生产经济学规模经济论""发展经济学农业规模经济论"等众多流派。

通常认为,农业经营规模经济或不经济主要是指农业生产规模(或产出)的扩大对平均成本的影响,一般用长期平均成本曲线的变化趋势表示。当长期平均成本处于下降阶段则认为农业经营规模趋于经济合理,反之当长期平均成本上升就产生规模不经济(见图 3-1)。图 3-1 中,横轴表示农业生产规模,纵轴表示收入(或成本),曲线 TR、TC、LAC 分别代表农业生产总收益、总成本和长期平均成本。从图 3-1 中可以看出,A、B 为农业生产的最优区间,A 点为最低生产规模,即盈利点,对应的产量为 $Q_{\min}$,只有超过这个规模以后,农业生产才能盈利,获得规模经济效益;B 点为最大生产规模,对应的产量为 $Q_{\max}$,超过这个生产规模以后,LAC 改变递减的趋势开始上升,规模经济效益丧失,即规模不经济。

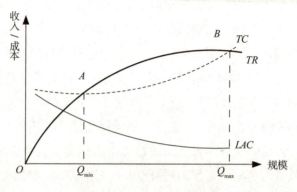

图 3-1　农业适度规模经济

　　农业规模经营是指在现有的农业生产力水平和技术条件下,为实现最优产出规模而投入适当的生产要素,并优化要素资源配置以获得的最佳规模效益。农业规模经营并不完全等同于土地规模经营,但土地利用规模在很大程度上决定着农业经营规模的大小;同时,农业规模经营也并不是否定家庭经营,而是要在家庭经营的基础上适当扩大规模,形成规模经济。

　　1978 年,中国农村开始家庭联产承包责任制改革,农业的生产经营由以公有制为基础集中经营转变为统分结合的、以家庭分散经营为主的经营模式,调动了农民生产经营的积极性、创造性,产生了巨大的制度绩效,促进了农业生产大幅度增长。理论上说,只要能保证农地的充分供给,在坚持家庭联产承包责任制和充分考虑农户经济的情况下,提高农户经营的规模,就会使规模经济效益得到提升,从而进一步提高劳动生产率和增加农民收入。但是,首先,在人口不断上升、耕地面积持续缩减、人地矛盾日益突出的条件下,扩大农户的经营规模,大幅度调整土地使用面积的可能性很小。其次，从全国看，即使允许土地自由流转，要想实现农村剩余劳动力的完全转移和农村非农产业的充足发展，除了一部分经济发达地区的农村，大部分地区的农村在短期内是很难达到的。最后，家庭联产承包责任制是我国农村的基本经营制度，其本身就有着浓厚的社会福利性质，即使实现了农民的非农产业转移就业，也很难让他们割舍和放弃所承包的土地。目前，人多地少是我国基本国情，我国农业生产经营仍旧以传统分散的家庭经营为主，分散的单个家庭小生产存在规模不经济，主要是低下的劳动生产率、过高的市场交易成本和以初级产品为主的小批量生产等原因，使农业经营的比较经济效益低下、市场竞争力较弱，在市场竞争中处于弱势地位，从而制约了农业的集约发展。因此，要实现农业的规模经济，就要积极引导农户投身于产前、产中、产后的多种形式规模经营，实现同行业的经济联合和外部经济内部化，形成聚合规模效应，最终形成新的经济增量。

现代农业产业化联合体在坚持家庭联产承包责任制和农户经济地位前提下，各经营主体通过建立"风险共担、利益共享"的现代农业一体化组织，从整体上扩大了农业经营规模，实现农业产业化适度规模经营和农业规模经济（见图 3-2）。联合体的农业规模效益主要从以下两个方面实现：

第一，产业化联合体通过健全组织形式、合理分工协作和专业化生产实现联合体内部规模经济。目前，在我国市场制度不完善的条件下，单个农户分散进入市场，获得的剩余利润在高昂交易费用的现实情况下几乎所剩无几。然而联合体中不仅有传统的兼业农户，更多的是专业大户和家庭农场，这些新型经营主体以家庭成员为农业生产经营劳动力的主要组成，从事农业规模化、集约化、

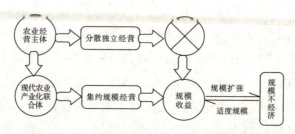

图3-2 现代农业产业化联合体适度规模选择

市场化生产经营,以农产品销售收入作为家庭主要收入来源。作为新型经营主体,不仅农业生产技术全面、经验丰富,而且是全面掌握生产管理和营销技能的新型职业农民。其本身就具有适度规模经济效应,实现了土地、劳动、资本、技术、管理五大要素的优化配置,提高了农业的劳动生产率、土地产出率和资源利用率,进而提升了农业综合生产能力、抗风险能力和市场竞争力。联合体通过将农户(包括传统农户、专业大户和家庭农场)、专业合作社和龙头企业合理组织,实现了农业生产、加工、销售、服务各个环节专业化和企业化,统一服务,增强了联合体的规模和实力,以往单个农户直接进入市场的传统形式由联合体这种一体化组织所替代,大幅度地降低交易成本,带来联合体内部规模经济效益的提高。

第二,产业化联合体利用行业联系带来行业规模经济。一方面,联合体通过行业联系,延伸了产业链,实现了生产、加工、销售的紧密融合,提高了农产品的科技含量和附加值,同时产业化联合体降低生产经营成本,收益的平均化趋势使得农户有机会分享整个联合体的利润,降低其本身经营不善带来的利益损失,从而提高农业产业的整体规模效益。另一方面,联合体使相似经营者的生产经营活动相对集中,从而可以共享行业内部各单位间在相关劳动力、设备、工艺、技术、管理上的优势资源,同时联合体内部通过农业生产基础设施的统一规划、配置,整体一致地改善行业外部环境,带动整个行业劳动生产率的普遍提高,最终实现行业内部和外部规模经济。

实践中,规模经济效益的计算分析模型较多,常用的方法有短期成本法、最小费用法、成本函数法和最优规模法等。本书根据对安徽省加工营销类、种植业类、家禽养殖业类、水产养殖类、林果类5种类型20多个现代农业产业化联合体实地调研的数据,建立适度规模下最小成本方程来分析现代农业产业化联合体的最优安排。从现代农业产业化联合体实际运行来看,联合体内部龙头企业的服务带动规模受到人力资源、资金、技术和管理能力等多方面的影响,而专业大户(家庭农场)和传统农户的经营规模由龙头企业、专业合作社的服务能力以及本身的劳动力、资金和技术决定,一些行业受地理条件限制,生产经营有一定的时限。比如种植业,从国家宏观政策层面来看,龙头企业规模的大小是由企业决定的,但农业的扶持重点却是家庭农场和专业大户,假定把粮油作物种植规模设为 500 亩是家庭农场和专业大户的理性选择,则有:

$$\min f(x) = a_1 x_1 + a_2 x_2$$

$$\text{s.t.} \begin{cases} b_1 x_1 + b_2 x_2 \leqslant \dfrac{S}{t_1} \\[2mm] b_1 x_1 + b_2 x_2 \geqslant \dfrac{S}{t_2} \\[2mm] x_1 \leqslant c_1 \\[2mm] x_2 \leqslant c_2 \\[2mm] x_1, x_2 \text{ 为正整数} \end{cases} \quad (3.1)$$

其中：a_1、a_2 分别表示每人和每台机械工作一天所获的工资（或报酬）；b_1、b_2 分别表示每人和每台机械工作一天的收割面积（效率）；c_1、c_2 分别表示每天能够安排的人数和机械数目的最大值；S 表示总共的收割面积；t_1、t_2 分别表示要求收割时间的最小值和最大值。假定联合成立以前，综合成本为 A，联合体成立以后，综合成本为 B，判断 $B<A$，则联合体存在规模效益。

第二节　交易费用理论视角

制度经济学之父科斯对交易费用进行了如下归纳：一是由于价格机制所产生的费用；二是购买精确市场信息的费用；三是谈判和订立契约合同的费用。以此为基础，斯蒂格勒把为实现市场交易而搜集信息所产生的费用定义为交易费用，威廉姆森指出市场、组织和处于两者间的中间组织属于交易协调方式。市场交易费用存在常会降低资源的配置效率，交易费用理论研究的重点内容就是节省交易费用，该理论认为，市场经济中组织结构和组织行为的形成与改变主要取决于交易费用的节省。

在改革初期，农户直接在规模较小的农产品市场交易。市场规模较小的主要一部分原因是农户是一个单独的经营单位，并且农户之间没有分工，互相独立，只有以个体为单位的农户内部存在分工。这种交易方式属于直接交易，农户与市场交易时只会产生个别交易成本，并不会产生组织管理成本。之所以直接交易可以避免搜集信息、履行合同和承担风险等交易成本，是因为交易市场规模较小以及交易产品种类较为单一。关于产品质量方面的问题，只需要花很少时间去观察，就能准确无误地判断出这一农产品的价值(Alchian & Woodward,1991)。从而,市场只需要较小的成本来发挥作用,并且整个社会也只需承担很少的交易费用,因此市场治理结构应当为完全的市场形式。由于经济快速发展以及市场规模不断扩大,使得各项交易费用均呈现出快速增长趋势,此时就需要出现一个经济组织替代市场以节约交易费用尤其是治理成本。然而,一个经济组织对市场的替代是需要代价的,与市场交易费用相对应的,经济组织和其雇员间需要签订劳动契约,执行该契约所需要的费用主要包括构建、维系或改变组织设计以及组织运行的费用等。

"龙头企业+专业合作社+传统农户、专业大户、家庭农场"是现代农业产业化联合体的组织构成。龙头企业与专业大户之间的契约可以分成以下两个部分:一是龙头企业与专业合作社之间的契约;二是专业合作社与专业大户之间的契约。产业化联合体的主要功能是使农业产业化经营中的产前、产中、产后三个环节紧密相连,通过各环节的分工,带动农业不断发展。

科斯指出,资源配置的两种常见方式是企业和市场,企业之所以会出现,是因为与市场相比,同一项交易在企业中产生的交易费用更低,从而企业结构演变的唯一动力便是企业努力节约交易费用,因此可以把企业看成是市场的一种替代物。然而企业并不能作为农业生产的组织形式,主要因为两点:1. 由于农业生产具有很强的分散性、季节性和环境依赖性,具有很强的不确定性,如果农业生产的组织形式是企业,则管理费用一定很高;2. 由于农业家庭经营的土地受到农村土地产权制度的严格保护,因此农业企业需要高额的管理费用来落实纵向一体化组织形式的实施,并且严格的管理制度还会对其产生刚性约束。所以,目前企业并不是农业生产的唯一理想组织形式。同时,市场也不能完全成为农业生产的组织形式。一方面,由于我国农业土地、生产工具、劳动力以及农产品销售均具有专用性的特点,使得农业资产总体上具有较高的专用性;另一方面,由于农业家庭经营中产生的交易具有极大的不确定性和交易频率,使得农户需要花费高额的交易费用进入市场进行家庭经营。因此,目前农业生产经营也不能完全依赖市场。

现代农业产业化联合体既不是企业,也不是市场,而是结合农业的自然和社会属性,在借鉴市场和企业各自优点的基础上,创新发展形成的组织形式。这种组织形式,兼具企业和市场两种组织形式的优点,既可以直接支配资源,又可以通过市场契约间接支配资源,是各个参与者在一定约束条件下追求自身利益最大化的理性选择。在农业产业化联合体中,农业生产的经营决策主要由龙头企业来承担,龙头企业根据市场行情决定生产什么、生产多少,并通过专业合作社将任务下达给签订契约的农户,专业大户、家庭农场在收到龙头企业的生产任务之后,在专业合作社技术服务和指导下,对生产进行合理安排。

现代农业经营主体之所以走向联合,主要是因为联合体具有独特的制度特征和交易特性,联合体用规范的契约约束各自行为,从而减少农业生产的交易费用。主要表现为以下四个方面:

1. 在现代农业产业化联合体中,农户在市场上的交易直接转化为农户与龙头企业的交易。一方面,稳定的交易对象和交易关系可以很大程度上减少交易费用;另一方面,基于家庭联产承包责任制,农户仍然可以以独立主体进行农业生产,龙头企业通过契约关系向农业输送生产经营要素和进行农产品购销活动,龙头企业不必对农业生产进行监督,减少了各种人员、机构设置等行政管理开支。这就意味着产业化联合体是以内部较低的管理费用来替代外部高额的交易费用,因此,现代农业产业化联合体是农业生产经营的明智选择。

2. 在原有单个农户小规模家庭经营情况下,农业生产之前要与产前部门进行交易,购买各种农业生产资料,农业生产过程中要与产中服务部门进行交易,农产品生产出来之后还要与产后部门发生交易,农产品的交易时时发生,因此农产品的交易频率较高。现代农业产业化联合体中,龙头企业通过一体化的联合体服务平台,为农户提供农资供应、农机作业、技术指导、市场信息、产品销售等几乎全部产前、产中、产后各个环节,极大地降低了交易的频率,从而使交易费用下降(见图 3-3)。

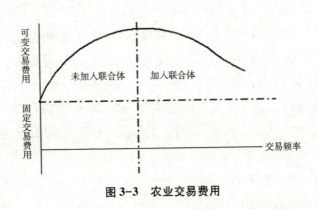

图 3-3　农业交易费用

3. 单个农户自身的能力有限,一是无法对市场需求情况进行准确预测,二是难以制定准确的生产计划,因此,可能因为供过于求而降价出售或是供小于求而减少收益。但是在现代农业产业化联合体中,龙头企业能够充分分析市场行情,并据此制订生产计划,通过合作社把生产计划下达给签订契约的农户,农户按要求生产,龙头企业提供农业生产全程一系列的服务,减少了交易费用,也减少了中间环节多而导致的利益流失,最终获得稳定的经营收益。

4."龙头企业+专业合作社+传统农户、专业大户、家庭农场"的现代农业产业化联合体组织形式要比直接"公司+农户"的组织形式复杂,专业合作社作为联合体的中介,使得这种组织形式的稳定性得到了很大的提升。专业合作社作为农户的群体组织,使得契约履行程序变得简单,进而在降低风险值的同时也减少了监督费用。一方面,专业合作社拥有的农户信息比较充分,可以对农户直接进行监督,降低监督成本。另一方面,专业合作社作为连接农户和龙头企业的中介,在市场价格与契约中规定价格不一致时,对农户和龙头企业的机会主义行为进行严格监督,督促农户和龙头企业考虑长远利益,坚持履行契约。

综上所述,现代农业产业化联合体通过不断完善组织构成,使得龙头企业、专业合作社、家庭农场(或专业大户)等各新型经营主体之间经济利益紧密联结,形成了比较完整的产业链、产品链和价值链,原来大量的市场交易转移到了联合体内部进行,降低了交易费用,优化了资源配置,提高了交易速度和生产效率,增加了农户收入和龙头企业收益。

交易费用理论的研究重点是通过引入契约安排方式,把产品销售给代理人或中间商,以获得一定收入。假设种植户在种植和销售过程中产生的交易费用包括信息成本(TXC)、谈判成本(TTC)、执行成本(TZC)和运输成本(TYC)四个部分。其中,信息成本包括农户获取市场生产资料和农产品价格的信息,谈判成本包括农产品在交易前与消费者联系的所有时间以及农产品从收获到交易完成的损失率,执行成本包括接待交易对象的费用、收到钱的等待时间以及客户违约导致的损失,运输成本包括农产品收获到家的时间,以及运输到交易地点的费用。

$$TC = TXC + TTC + TZC + TYC \tag{3.2}$$

假设第 i 个非社员的交易成本为 TC_i^a,第 j 个社员的交易成本为 TC_j^c,如果 $TC_i^a < TC_j^c$,则农户不加入农民专业合作社,且不与合作社进行农产品交易;如果 $TC_i^a > TC_j^c$,则农户加入农民专业合作社,并与合作社进行农产品交易。

第三节 专业分工理论视角

从经济学角度来说,分工是指把原先由一个人或组织所承担的生产活动按不同职能进行划分,分给两个或两个以上的个人或组织进行操作;而专业化是指一个人或组织对其生产活动中的不同职能的种类进行简化。分工与专业化是一对密切联系的概念,常被合并为"专业化分工"或"分工与专业化"。亚当·斯密作为古典主义劳动分工理论的鼻祖,曾指出以下两点:一方面,劳动分工可以提高劳动效率,进而使得商品的总供给量得以提升;另一方面,由于提高劳动生产率可以增加人们的收入,进而使得社会的总需求得以提升,劳动分工是国民财富增长的源泉。阿林·杨格是新古典主义劳动分工理论的主要代表,他对古典主义劳动分工理论进行了更深层次的研究,强调分工是由市场规模决定的,而市场规模大小又取决于分工程度,因此人类的生产活动具有普遍的迂回性。社会分工属于生产整体的一个环节,具有迂回性,它是由整个生产链的不同节点分化形成的,生产链上节点数目的增加将会极大提高经济性的规模。因此,经济发展的核心机制便是加快分工的发展以及产业链的延伸。作为新兴古典主义劳动分工理论的重要代表,杨小凯采用超边际分析方法,将亚当·斯密的劳动分工理论和科斯的交易费用理论相结合,他认为:一方面,分工与专业化的发展会增加经济主体之间的交易行为,使得经济网络得以拓展;另一方面,过高的交易费用使分工和专业化的发展受到阻碍。专业化分工与交易费用之间既存在此消彼长的两难冲突,也存在有效折中,因此专业化分工和交易费用始终贯穿经济发展的全过程。分工和专业化理论充分说明了专业化分工是社会发展的核心动力,专业化分工与交换活动相互作用使得市场和企业等经济组织不断产生和演进。社会生产力不断发展使得农业生产中出现了分工和专业化组织形式,与此同时,分工和专业化的出现也使得农业产业链取得了进一步的延伸和拓展。分工与专业化延伸农业产业链的形式主要包括:价值链分解、迂回生产环节增多、物流链延伸和空间链拓展等。农业产业链的纵向延伸和横向拓展,促进了产业链之间的分工和合作,从而使得农业产业的优势得到进一步提升。

在联合体出现之前,农户在农业生产中主要是凭借当地传统生产方式和近年来的市场行情变化来做决定。生产上从购买种子到出售农产品一系列的生产销售环节全部由农户自己来完成,生产效率低下,而且其中一部分是用来满足自身消费的。自给自足的小农生产方式是这种组织模式的主要代表。当交易效率不断提高时,采用局部分工带来的半专业化经营超过其交易费用,这时农户所生产的农产品一部分用来自给,另一部分用于交换,交换活动使得市场制度得以产生,与此同时产生职能分化,诞生了企业或中介等组织形式,进行协调分工,进而降低因分工而产生的交易费用。

现代农业产业化联合体组织模式实际上是农业产业分工过程

中的一系列制度安排。在联合体中,传统农户、专业大户、家庭农场负责农业生产,承担流转土地和种植养殖的任务,但是种植养殖不再具有随意性,而是根据龙头企业的经营需要,将自己拥有的土地、资金和人力集中专门生产一种或少数几种农产品,农产品的绝大多数甚至全部出售给龙头企业,此时生产的目的不再是自给,而是为了交换;在生产方式上也不再是承担所有的生产环节,而是将技术含量高的生产环节交给龙头企业或者专业合作社来承担,农户生产活动范围不断缩小,专业化程度进一步深化,生产效率进一步提高。龙头企业是农业产业化联合体的核心和领头,将产前、产中、产后诸环节联成一个整体,组织参与农户的农业生产经营活动,主要负责为农户提供农资服务、农机作业、技术指导、收购和销售农产品,同时龙头企业内部也实行严格的管理制度,企业内部不同的个人和部门均承担不同的职责,一部分负责农户产前的农业技术支持等服务,一部分负责农户产中生产指导等服务,一部分负责产后产品营销等服务,形成有效的激励机制,对农业生产经营活动实行一体化经营和企业化管理。专业合作社作为联合体中的纽带,助力农户与龙头企业建立稳定的有组织的联系,协调农户和龙头企业的利益关系,提供供销、种养等专业化、系列化、全程化的社会服务,通过农业技术推广,加大对农村劳动力的职业技能培训,提高农户科技文化素质,培养造就一批新型职业农民;把联合体中的所有农户组织起来,抱成一团,使农户真正成为千变万化大市场的主体,克服小规模家庭经营的弱点,获得规模经济。合作社也存在职能专门化,包括生产型、销售型、服务型、加工型、综合型等传统专业合作社,也包括土地股份、农村社区、资金互助、联合社等新型专业合作社。

农业产业内的不断分工、农户职能的不断分化以及农业产业链的不断延伸,使得现代农业产业化联合体进一步发展壮大。在联合体这种组织分工形态中,原有职能日益创新,服务种类日益增多以及服务范围日益扩大。从生产职能来看,出现许多专业大户和家庭农场,家庭农场开始联合和合作,组成了以农机农艺融合作业服务为基础的农民专业合作社和以农村土地承包经营权、水面经营权或林权作价入股的家庭合作农场,推动了土地承包经营权向产业化联合体内家庭农场流转,专业大户和家庭农场专门从事某一农作物的栽培工作,农业生产职能也分化出新的职能。从服务职能来看,农业服务体系不断完善,由技术指导、信息指导、种子提供发展到农产品电子商务、金融服务、专项承包服务等,合作社入股或者兴办龙头企业,同一区域内同产业类型农民专业合作社之间进行重组联合。从加工职能来看,加工型专业合作社借助新技术和新机器使得加工环节和加工程度进一步复杂和深化。从交易职能来看,龙头企业创新采取订单、入股分红、利润返还等方式形成与农户紧密型经济利益共同体,推进农产品加工标准化生产,建立农产品质量安全全程控制和可追溯制度,制定企业产品品牌培育规划,突出"安全、生态、原产地"等特色,发展到更复杂的层次结构。

现代农业产业化联合体组织模式通过一系列规则和契约不仅能对组织内部的农户、专业合作社和龙头企业进行约束和协调,还能够对纷繁复杂、千变万化的市场形成强大的抗衡力量,扩大参与分工主体的净收益,促进农业外生分工演进,提高交易效率,保护联合体经营主体的利益。第一,单个农户在进行市场交易时往往会面临较高的搜寻成本,包括搜寻交易对手、发现交易价格、区分产品质量等有效的市场信息,由于农户技术、知识、能力有限,在搜寻这些信息时不够充分全面,导致决策的盲目性和随意性,信息不对称又会导致交易对手的机会主义行为。而在联合体中,龙头企业和专业合作社可以帮助农户搜集和整理有效市场信息,降低农户搜寻交易对手、获取有效交易信息的成本,农户只需要专注于农业生产即可,这样可提高生产效率。第二,单个农户由于生产规模小,农产品产量小,农产品交易数量少,无法提供多样化的农产品来满足消费者日益增长的多样化需求。联合体通过专业分工,一方面使农业生产所需的资源共享、技术推广和扩散效率更高,并能实现规模效益,扩大农业生产规模,提升农产品产量,增加农产品交易量;另一方面,联合体通过各种专业合作社和龙头企业使得农产品向更专业化的技术和更专业化的生产经营方式进行生产,提高农产品品质,推动品牌建设,提升农产品价值,提高分工收益和专业化效益。第三,由于农产品生产的季节性和农产品的鲜活性导致农产品市场价格波动较大,单个农户无法全面掌握农产品市场价格信息,而且在讨价还价、签订契约等谈判中处于弱势地位,自身利益难以得到保障。联合体通过专业分工构建农户与龙头企业、专业合作社双层经营的利益共同体,以保护价格购进生产资料、销售农产品,增强农户抵抗市场价格风险、自然灾害风险的能力,降低市场不确定性的影响,成为风险共担的共同体,最终保护农户利益和实现规模经济。

　　现代农业产业化是劳动分工的必然结果,可以从专业分工和交易费用角度去分析农业产业化现象。农民的消费支出主要包括生活消费支出和生产消费支出,而生活消费支出包括了商品性消费部分的生活消费现金支出和生活消费非现金支出,生产消费支出包括生产消费现金支出和生产消费非现金支出。由于在实际生活中很难具体得到生产消费非现金支出,因此,本书根据生活消费

非现金支出与生活消费现金支出之间的关系推算出生产消费非现金支出,其计算公式如下:

$$sc_2 = sc_1 \frac{sh_2}{sh_1} \qquad (3.3)$$

其中,sc_1、sc_2、sh_1、sh_2分别表示生产消费现金支出、生产消费非现金支出、生活消费现金支出、生活消费非现金支出。

因此,农户的专业化分工程度可以近似地表示为:

$$x = \frac{sc_1 + sh_1}{sc_2 + sh_2} \qquad (3.4)$$

所以,得到农民的劳动分工和劳动成果之间的对数线性方程:

$$\ln Y = a + b\ln x + \varepsilon \qquad (3.5)$$

其中,Y代表农户纯收入,包括生产经营收入、劳动报酬收入和其他收入等,x为农户的分工程度。该回归方程反映了农户与农户之间,以及农户与其他部门组织之间的分工情况。如果$\ln Y > 0$,且与$\ln x$正相关,那么专业化分工促进了农民收入提高;如果是负相关,则表明专业化分工阻碍了农民收入提高。

第四节　利益博弈理论视角

博弈论是 20 世纪经济学的杰出成就之一,用于分析信息不对称情况下,利益主体行为、行为过程和结果。在市场经济条件下,一切经济主体都追求利益最大化,只有存在共同的利益,并且使整体和个体实现利益最大化,市场主体之间的联结才有可能实现。理性人假设认为,市场经济条件下经济主体之间具有趋利性,如果缺少健全的制度约束,理性人在强烈的自我利益驱使下会滋生寻租行为,侵害社会和他人利益。现代农业产业化联合体是在平等、自愿、互利的情况下,以契约为纽带,通过市场交换关系,达成由农户、龙头企业和专业合作社多元参与主体结成的"利益共享、风险共担"的利益共同体。利益联结机制是现代农业产业化联合体的核心,围绕这个核心有相互联系的四个方面:

1. 利益分配。联合体各参与主体积极性和创造性的动力来源于他们对联合体的投入(劳动、资金、技术、知识、服务等)和他们在其中的产权得到承认、得到可以接受的报酬,是中国特色现代农业和农业产业化经营体系赖以生存和发展的基础。其基本分配原则是各个环节获得平均利润,关键是通过保护价格购销、预付定金、入股分红、利润返还、反租倒包等利益分配机制,树立农户在产业化经营中的市场经济主体地位,能够在农产品价值增值中分一杯羹。同时,处理好联合体中其他主体的利益关系。

2. 利益保障。联合体目标的实现和机制的稳定需要制度保障。首先,联合体必须要建立稳定的有组织的经营实体,作为制度和实施各种制度的主体,这其中需要专业合作社作为中介组织,发挥农户和龙头企业之间的纽带作用,协调龙头企业和农户之间的利益关系。其次,联合体需要建立全方位的保障制度,包括土地流转制度、采购销售制度、风险基金制度、监督约束制度等,完善的制度保障直接影响联合体参与主体的经济行为。在市场经济条件下,保障制度一方面要弱化市场风险对农户利益的冲击,充分体现让利于农户的宗旨,另一方面要根据市场供求情况不能以牺牲企业利益和企业未来发展来保护农户利益。最后,联合体内"非市场安排"既是龙头企业与农户之间的特殊利益关系的要求,也是联合体内的特殊服务机制,主要包括资金支持、技术指导、保护价格、无偿或低偿服务等。

3. 利益调节。联合体的实质是参与各经营主体的利益联合，但各主体地位则有所区别，龙头企业处于主导地位，种养农户地位相对弱势。在参与利益分配时，农户主动权不足，利益难以得到有效保障，这就需要对联合体各主体之间的利益关系进行调节，通过签订契约明确各方义务权利，调节利益分成，从而有效调动各经营主体参与联合体的积极性。

4. 利益约束。联合体是各经营主体之间是互相联系、互相作用的有机整体，各经营主体利益联系紧密。建立"风险共担、利益共享"的利益约束机制是保障各经营主体利益不受损害的必要条件，通过建立健全规章制度和合同契约，各经营主体的义务进一步明确。在面临自然灾害、违约等风险时，各方按照契约合理高效分担风险，实现联合体的科学规范经营。同时，在面临农户违约、农产品以次充好等风险时，要保障龙头企业的合法利益，保证龙头企业正常经营。

专业大户作为微观经济活动主体是否加入联合体是其理性行为的表现。假设只有两个农户，他们加入联合体前的平均收益为 R_0，生产成本为 C_1；两个农户同时加入联合体的收益为 R_2，成本为 C_2；若只有一方加入，则其收益为 R_1。农户加入联合体的博弈矩阵见表3-1。

表3-1　农业产业化联合体博弈矩阵

		农户甲	
		加入	不加入
农户乙	加入	$(R_2-C_2),(R_2-C_2)$	$(R_1-C_2),(R_0-C_1)$
	不加入	$(R_0-C_1),(R_1-C_2)$	$(R_0-C_1),(R_0-C_1)$

　　产业化联合体成立后,税收水平、农作物产量以及农民收入水平是政府扶持联合体发展所考察的主要指标。若联合体成立之后,政府的税收收入明显增加、农作物产量稳步提高、农民收入水平显著上升,则政府必定支持联合体的发展。

　　本节从完全信息动态博弈的视角出发,分析龙头企业和农户之间的利益博弈,通过对"龙头企业+农户"和现代农业产业化联合体这两种模式中博弈行为的比较分析,试图对现代农业产业化联合体的利益联结机制和其稳定性进行评价。假设博弈主体主要有龙头企业、专业合作社和农户,农产品产量为 q_i（ $i=1,2,\cdots,n$ ）;龙头企业收购农产品的数量为 q ,该种农产品在当地的市场价格为 P_m ,企业向农户的收购价为 P_b ,采购成本 C_b 是交易量的函数。"龙头企业+农户"模式中龙头企业和农户之间是简单的合同关系,通过签订农产品购销合同建立联系,经过简单化简得到:

龙头企业收购农产品的条件为 $P_m - P_b \geqslant \dfrac{\sum\limits_{i=1}^{n} C_b(q_i)}{\sum\limits_{i=1}^{n} q_i}$;农户愿意出

售农产品给龙头企业的条件为 $P_m - P_b \leqslant \dfrac{C_b(q_i)}{q_i}$ 。则龙头企业与

农户之间的合作必须满足 $P_b = P_m - \dfrac{C_b(q_i)}{q_i}$ 。由于 P_b 是不断变化的,只有在 q_i 、 $C_b(q_i)$ 、 P_m 等信息被双方共知时,龙头企业与农户之间的合作才有可能达成。但即使有收购协议,当 P_m 大幅波动时,双方均存在违约风险。在现代农业产业化联合体这种模式中,专业合作社作为中介纽带,监督龙头企业和农户的生产行为,农户可以获得农产品加工和销售后的超额利润分成。假设加工成本为

C_p，加工后农产品的市场价格为 P_n，则经过化简后得到：农户愿意

出售农产品给龙头企业的条件为 $P_m - P_b \leq \dfrac{C_b(q_i)}{q_i}$；而龙头企业收购农

产品的条件为 $[(P_m - P_b) - C_b{}'(q)] + [(P_n - P_m) - C_p{}'(q)] > 0$；

与"龙头企业+农户"模式相比，联合体由于有了专业合作社的加入便于

对农户进行监督管理，从而能够实现规模效益，使 $C_b{}'(q)$ 能够远小于

$\dfrac{\sum\limits_{i=1}^{n} C_b(q_i)}{\sum\limits_{i=1}^{n} q_i}$，从而在一般情况下都有 $[(P_m - P_b) - C_b{}'(q)] > 0$，又由于

农户可以分享加工环节带来的超额利润，所以 $[(P_m - P_b) - C_b{}'(q)] +$

$[(P_n - P_m) - C_p{}'(q)] > 0$ 比 $\left[(P_m - P_b) - \dfrac{\sum\limits_{i=1}^{n} C_b(q_i)}{\sum\limits_{i=1}^{n} q_i}\right] > 0$ 更容易实

现，相较于"龙头企业+农户"传统合作模式，产业化联合体内部利

益联结更加紧密，组织稳定性更强。

根据不完全契约理论，现代农业产业化联合体中，由龙头企业

和专业大户可以共同组建专业合作社，或由专业社会化服务组织

来提供服务，而龙头企业也可以由农户和专业合作社入股或兴办，

这样龙头企业、专业合作社和专业大户就可形成紧密的经济利益

共同体彼此联系紧密、利益趋向一致。一方面，这种由农户和龙

头企业等经营主体多方共同组建的专业合作社，从组织结构上稳

定了各方的合作关系，形成紧密连接的利益共同体。在这种利益

共同体内，各方个体行为和利益相互影响，农户通过规模化经营，

生产成本和市场交易风险得到降低，并获得了联合经营的分红等

额外利润,有利于维护农户的整体利益;同时引导龙头企业领办合作社,龙头企业与合作社形成契约关系,农户必须按照契约规定产出符合数量和质量的农产品,保障龙头企业获得稳定高质的生产原料,大大降低经营风险。另一方面,以产权、契约为纽带的分配机制,解决了农户与龙头企业之间不平等的问题,农户可以购买龙头企业股份(土地、机械设备、种养技术等生产要素也可以按一定标准折算入股),参与龙头企业日常的经营管理,享有一定的决策权、管理权和监督权,双方按契约明确农户提供农产品的数量、质量、价格以及分配利润的多少。这种分配方式分为两个阶段:第一阶段是龙头企业与农户之间的市场交换关系,第二阶段是农户以股权等方式继续行使对农产品的分红。这种联结方式使农户从传统单纯农产品生产模式中脱离出来,追求农产品生产、加工、销售全产业链利润,并且参与龙头企业管理、决策和监督。这种利益分配机制改变了龙头企业与农户之间原有的利益格局,彻底改变了农户的弱势地位,确保农户利益得到充分反映,有利于稳固龙头企业与农户之间的联结关系,更好地提高各参与经济主体的积极性和主动性。

现代农业产业化联合体这种紧密的利益联结机制组织模式,大大减少了市场交易中的投机和风险行为,增强了交易的安全性和稳定性,有效维护了各参与经济主体尤其是农户的利益,形成真正的互惠互利、合作共赢的关系,充分显示了其旺盛的生命力,不仅提高了农产品的市场竞争力、增加了农户收入和提高了龙头企业效益,而且有效解决了传统联结模式组织结构松散、联结不稳定的问题,实现农业生产经营方式改革创新,推进农业产业化经营。

基于上述规模经济、交易费用、专业分工和利益博弈四个理论视角的机制分析可以看出,现代农业产业化联合体是在联合体内经营主体保持独立经营地位不变的基础上,以契约为纽带,在平等、自愿、互利的情况下,形成的紧密联合一体化,实现契约化的适度规模经营,最终获得规模效益。

根据规模经济理论,分析现代农业产业化联合体的动力机制。现代农业产业化联合体通过土地规范有序流转,实现适度规模经营,既保证了传统农户的经济主体地位,又实现土地的集约化利用和农业富余劳动力产业化转移,可以有效实现农业增效、农民增收和企业增利。这种现代农业产业化联合体通过规模化生产、加工、流通,降低产业链各环节成本,优化了生产要素配置,提升各环节效益,实现规模经济最大化,就是现代农业产业化联合体产生与发展的动力。

根据交易费用理论,分析现代农业产业化联合体的约束机制。由于农业生产资产专用性较高、农产品交易关系不稳定、自然灾害频发等因素,农业生产经营风险巨大。为保障农产品安全,单纯地引入工商资本和企业组织不利于农业发展。现代农业产业化联合体的组织形式则是将农户在市场上的交易转化为农户与龙头企业在联合体内部的交易,而作为纽带的专业合作社则大大增强了联合体组织的稳定性,以内部较低的管理费用替代外部高额的交易费用,削减中间环节成本,保障交易稳定性。也就是说,现代农业产业化联合体各主体间的契约约束着各自的行为,大量的市场交易转移到了产业链内部以契约形式进行,降低了交易费用,优化了资源配置,提高整体经济效益和竞争能力。

根据专业分工理论,分析现代农业产业化联合体的作用机制。现代农业产业化联合体中,龙头企业承担向农业生产输送生产经营要素和提供经营模式,合作社提供供销、种养等专业化、系列化、全程化的社会服务,专业大户(家庭农场)承担流转土地和种植养殖的任务,各经济参与主体各司其职,共同构成有机整体。联合体通过产业链的纵向延伸和横向拓展,不断深化农业分工与专业化程度,这是农业产业内的不断分工、再分工的过程,是农户职能不断分化、再分化的过程,也是农业产业链不断延长、再延伸的过程,通过专业分工和优势互补的作用,从而不断提高农业生产要素和农产品的交易效率,最终获得分工收益和专业化经济收益,使农业全产业链的竞争优势得到提升。

根据利益博弈理论,分析现代农业产业化联合体的传导机制。现代农业产业化联合体作为一种有效率的制度和模式安排,其"风险共担、利益共享"的机制是现代农业产业化联合体有效运作的实质和核心,确保农户、专业合作社和龙头企业各个经营主体之间形成了一体化的利益联结机制,各经营主体之间联结紧密,有着共同的利益导向。联合体通过交易内部化,减少流通环节,降低交易成本和风险,稳定生产合作关系,实现博弈各方综合利益最大化。总之,现代农业产业化联合体建立了有效的风险共担、利益共享机制,通过风险和利益双向传导,各主体都能获益,使得加入联合体成为自觉行动。

因此,现代农业产业化联合体是实现现代农业生产中链接相关产业、链接生产要素和链接利益共同体的重要探索,对于保障农产品有效供给和质量安全,促进农业增效、农民增收和企业增利,促进农业产业化经营,实现城乡一体化发展具有极其重要的现实意义。

第四章　现代农业产业化联合体的
范式研究

　　第三章从规模经济、交易费用、专业分工和利益博弈四个理论视角阐述了现代农业产业化联合体演化的机制，包括动力机制、约束机制、作用机制和传导机制。通过分析，我们得出，现代农业经营主体中的龙头企业、专业合作社、专业大户和传统农户等为了获得规模经济效益，选择从家庭分散经营走向适度规模经营、从信用承诺的松散型组织到契约约束的紧密型组织、从混合经营到专业化分工合作、从单一逐利到利益风险共担的过程，也是走向现代农业产业化联合体生产经营的过程，体现了发展现代农业产业化联合体的必然性和有效性。

　　本章在现代农业产业化联合体演化机制理论分析的基础上，提出并分析现代农业产业化联合体的范式。现代农业产业化联合体在实践中首先表现为一种联系紧密的农业经营组织；其次，作为一个独立的组织形态，现代农业产业化联合体也是整个社会组织系统的一个组成部分，所以应该同时符合系统内外两个标准或条件，这些条件称之为现代农业产业化联合体的内部聚合发展以及对外开放合作标准。同时，现代农业产业化联合体可以实现经济效益、社会效益和生态效益的综合，这是其存在的可行性和必要性。

第一节 现代农业产业化联合体的内在聚合标准

自改革开放以来，我国农业生产经营组织大致经历了"公司+农户"模式或"公司+基地+农户"模式、"公司+中介组织+农户"模式以及"公司+农民专业合作社+农户"模式，这几种农业经营组织普遍表现出内在聚合度差、联结松散的问题。其中，在"公司+农户"模式中，作为市场经济中追求自身利益最大化的理性经济人，农户和龙头企业之间相对封闭，互相无法掌握对方全部信息，各自隐瞒不利于自己的信息，龙头企业专用性投资不足，契约关系不完全，投机行为普遍，引发高违约率，严重影响这种组织模式的运行效率（蒋永穆等，2013）。这种模式一方面导致了农户对公司的先天依附关系，一旦出现市场风险，农户所获得的收益比自己在市场中获得的少，农户与公司之间的合作就不再进行；另一方面公司和农户之间的契约只是单纯的买卖关系，农户无法分享农产品加工、流通等环节的利润，双方尚未形成紧密联结的利益共同体。"公司+基地+农户"模式的优点在于，公司分担了部分本属于农户的责任，利用自身规模较大、信息及时的优势，为农户提供一体化生产资料和技术服务，监督农产品生产全过程，降低单个农户经营风险，提高农户经营效益。但这种模式下，农户处于绝对的依附地位，当公司出现机会主义行为时，农户无法保障自身利益。在"公司+中介组织+农户"模式中，农户依靠中介组织获取信息，参与市场交易，中介组织依靠专用性、竞争性信息获取服务利益。但这种模式并未使农户获得产业链增值利益，同时由于中介组织自身的非经济实体属性，风险承担和化解能力不足，农户仍是承担风险的最主要实体(黄蕾,2006)。"公司+农民专业合作社+农户"模式的优点在于,提高了农民抗击风险的能力,合作社为农业生产的产前、产中和产后提供系统性服务,保障农产品生产的安全性和稳定性。但是,现阶段下农民专业合作社缺乏监督机制和运行标准,在实践中问题不断。在这种模式下,一是适度规模经营发育不足,生产主体仍以一般农户为主;二是生产经营主体中普通农户、专业大户、家庭农场、专业合作社和龙头企业是松散型的联合,没有形成紧密的利益链接。和上述几种农业经营组织形式不同,现代农业产业化联合体是以龙头企业为核心,专业大户和家庭农场为基础,专业合作社为纽带,以契约达成产业、要素、利益链接一体的新型农业经营组织形式,是各经营主体的紧密联合。现代农业产业化联合体的内在聚合标准主要体现在要素流动、产业链接、利益共赢这三个联结上。

一、要素流动

合理的要素流动机制是现代农业产业化联合体实现紧密联结的重要支撑,是联合体内在聚合发展的保障。一般而言,生产要素的高效流动能够带来先进的农业种养技术的实践运用,实现劳动力要素和技术要素的优化组合,提高资源利用水平,提升农业生产经营活力,促使农业生产向科技化、现代化方向转变(王阳,2014)。要素流动具有一定的趋利性,收益的多少是影响要素流动的最主要因素,通常情况下,要素会流向收益水平较高的产业或组织。市场是配置资源的最有效途径,是调节要素合理流动的最佳方式。因此,现代农业产业化联合体内部的土地、资金、人才和信息等要素必须实现在价格机制作用下自由流动,才能达到资源合理配置。

1. 土地

对农村土地承包经营权实行确权登记颁证,明晰农用地产权,按照依法自愿有偿原则,推动土地承包经营权向现代农业产业化联合体内主体流转,土地流转收益全部归承包农户所有。土地流转价格由市场定价,在租金结算方式上,采取货币直接结算或者实物计租货币结算的方式。探索仓库租赁或粮食银行等模式,利用粮库或龙头企业已有的场地,解决规模种粮主体的储粮用地问题。大力发展土地托管,因地制宜开展"全托"或"半托"服务,积极为现代农业产业化联合体内部的龙头企业、专业合作社、家庭农场及专业大户开展托管创造条件。农户可以以土地承包经营权折价入股的形式参与现代农业产业化联合体内主体的生产经营,实行股份合作经营。通过搭建土地流转平台,规范土地流转程序,引入事前准入审核、事中监督管理等机制,确保土地流转和规模经营的持续性、有效性及稳定性。进一步完善土地流转纠纷仲裁、调解机制,及时、公正地解决各类土地流转纠纷,维护流转双方的合法权益。建立和完善土地流转保证金制度和土地流转风险基金制度,防范经营风险。对现代农业产业化联合体内部的龙头企业、专业合作社、家庭农场及专业大户因生产需要建造简易仓(机)库、生产、管理用房和农产品临时性收购库房等农业生产配套设施的,按生产面积的一定比例配套设施农用地,尽量选择闲置集体建设用地,提高集体建设用地的使用效率。

土地的使用情况可以用人均耕地面积来衡量,其计算公式如下:

$$s = \frac{S}{A} \tag{4.1}$$

其中，s 表示现代农业产业化联合体的人均耕地面积，S 表示耕地面积总数量，A 表示农业从业人员总数量。

2. 资金

现代农业产业化联合体内部的龙头企业为专业合作社、家庭农场、专业大户的生产性贷款提供担保，同时，这些农业经营主体以自有的土地承包经营权、农业保险质押及大型农用机械等资产向龙头企业进行反担保，还可以探索多种联保形式贷款品种。龙头企业在向家庭农场及专业大户提供农业生产资料的过程中，可以先垫付资金，待收购农产品时扣除，解决农户资金不足的问题。家庭农场及专业大户的闲散资金可以建立资金互助机制，在规范管理前提下，以合作社为平台，把资金整合起来，壮大合作社的资金实力，农户因发展需要资金可以到合作社借款。加快推动以联合体信息采集和信用评级为切入点的信用体系建设，依据信用评价结果，鼓励金融机构向联合体内成员发放无担保或者无抵押贷款。推动金融机构与现代农业产业化联合体建立融资协作长效机制，对联合体统一核定授信额度、打包授信、分户使用、随用随借、按期归还，逐年增加对联合体各类经营主体的授信额度。合理确定贷款期限、利率和偿还方式，简化贷款手续。

资金流动情况可以用自有资金和外来资金的融合率衡量，其计算公式如下：

$$z = \frac{Z}{GDP_1} \tag{4.2}$$

其中，z 表示自有资金和外来资金的融合率，Z 表示自有资金和外来资金之和，GDP_1 表示联合体农业总收入。

3.人才

现代农业产业化联合体应与农业科研院所及高等院校建立密切合作关系,委托农业专家定期到联合体进行技术指导,并建立实训、研发基地,为现代农业产业化联合体发展提供技术支撑,确保每个联合体有一个专家组,每个专业合作社有一名专家,每个家庭农场有一名技术员,全程跟踪服务。与高等院校签订协议,委托学校选派优秀的农业专业大学生到现代农业产业化联合体实习,并进行相关的技术推广。整合农业、教育、人社等部门及社会各类教育资源,针对现代农业产业化联合体的经营、管理、技术人员和职业农民,开展以龙头企业、专业合作社和家庭农场经营管理、农业技术应用等为主要内容的技能培训。纳入新型职业农民培训、就业技能培训、雨露计划培训等补助范围,提高联合体成员参与培训的积极性。安排现代农业产业化联合体内的经营管理和生产服务人员到先进地区考察学习,定期组织技术人员和核心管理人员到科研机构、公司机构学习先进技术和管理水平。制定中长期职业农民培养规划,探索建立职业农民资格认定办法、农业行业准入制度。进一步提高农村职业教育水平,对返乡农民工、复转军人、农村能人和待业的失学人员等,创新培训方式,丰富培训内容,着力培养有知识、有技能、了解"三农"、热爱"三农"的现代职业农民,为现代农业产业化联合体的发展提供良好的人力支撑,为农业生产积累人才。

人才情况可以用农业劳动者受教育程度来衡量,其计算公式如下:

$$e = \frac{E}{A} \qquad (4.3)$$

其中，e 表示现代农业产业化联合体的农业劳动者受教育程度，E 为农业劳动者受高等教育人数，A 为农业从业人员总数。

4.信息

现代农业产业化联合体内部要依托龙头企业搭建品牌、要素和产品信息发布的平台。龙头企业积极推行农业"互联网+"的应用，逐步将物联网全面覆盖农业的生产、加工、流通等各个环节，增强农业信息的即时获取和处置能力。龙头企业利用自有资源及优势负责收集农业技术及农业市场信息，并对所搜集信息进行分析，并及时向专业合作社进行信息发布。专业合作社运用信息网络平台等方式与家庭农场及专业大户加强沟通，定期向成员发送关于农产品行情、种养殖技术、政策、财务公开及联合体内部动态方面的信息，对家庭农场及专业大户的农业生产进行指导。现代农业产业化联合体内各农业经营主体间农业基础信息实时交换和共享。专业合作社作为现代农业产业化联合体内的中介纽带，把分散的家庭农场及专业大户手中的信息进行收集、整理、分析，并定期向龙头企业发布，方便龙头企业管理及组织接下来的农业生产。

信息的传递可以用各农业经营主体的社会化服务水平表示，其计算公式如下：

$$I = \frac{B}{C} \tag{4.4}$$

其中，I 表示现代农业产业化联合体的各经营主体的农业社会化服务水平，B 为农业社会化服务人员数，C 为区域总从业人数。

二、产业链接

紧密的产业链接机制是现代农业产业化联合体不断增收增效的重要途径,是联合体内在聚合发展的根本。长期以来,国内农业发展仍处于传统生产模式,农业生产以初级农产品为主,缺少精深加工,产品附加值低,且农产品质量参差不齐,农药残留物超标,整体质量不高,国际竞争力弱(李杰义,2008)。农户由于获取信息的能力较弱,对市场行情的把握不准,造成了"小农户,大市场"的农业经营困境。在改革开放的市场经济大环境下,伴随城镇化进程的加速推进,对农产品加工品的数量和质量提出了新的要求,由于农业生产的长期性和不稳定性,保障农产品的稳定供给成为农业生产经营组织的首要目标(郭静利,2010)。通过农业产业化实现农业的专业分工合作(杨艳琳等,2007),能够有效解决以上的农业发展困境。通过建立现代农业产业化联合体,促使农业生产链内部化,打通生产、服务、存储、加工、销售全产业链,以工业理念发展农业,保障农产品数量和质量安全,实现农业增收和农民增效。因此,现代农业产业化联合体内部各经营主体必须基于提升价值链、延伸产业链、打造供应链,实现专业化适度规模经营。

产业影响力系数用来衡量一个产业对其他产业的影响程度,或对其他产业拉动力度,其计算公式如下:

$$q_i = \frac{Q_i}{\frac{1}{n}\sum_{j=1}^{n} Q_j} \tag{4.5}$$

其中,q_i 为第 i 产业的影响力系数,Q_i 为第 i 产业的总产量增加值。若 $q_i > 1$,表示该产业对其他产业产生的波及影响程度处于社会平均影响水平之上;若 $q_i = 1$,表示该产业对其他产业产生的波及影响程度等于社会平均影响水平;若 $q_i < 1$,表示该产业对其他产业产生的波及影响程度处于社会平均影响水平之下。

在现代农业产业化联合体内部,龙头企业与专业合作社、家庭农场及专业大户以纵向一体化方式形成产工贸、社会化服务相互融合的一体化联合体,龙头企业利用专业合作社将分散经营的家庭农场和专业大户组织起来,推动农业的产前、产中、产后等环节紧密联结成为一个完整的产业系统。各经营主体基于提升价值链、延伸产业链、打造供应链,开展专业化分工,通过终端产品消费价值向前端产品输送,让每个生产经营环节主体都能分享品牌创造的价值,实现产业的紧密链接。

1. 龙头企业

在现代农业产业化联合体内,龙头企业凭借资金、技术、信息、营销网络建设等方面的比较优势,成为现代农业产业化联合体的核心。在农业产业链的产前环节,龙头企业承担农业生产资料的供应,通过规模采购种苗及其他农业生产资料并向家庭农场及专业大户统一供应,从源头上保证了农产品的质量安全。在农业产业链的产中环节,龙头企业一方面为农业生产制定产量及品质标准,并积极为家庭农场及专业大户开展农机作业、技术指导等服务;另一方面大力推进农产品加工标准化生产,建立农产品质量安全全程控制和可追溯制度,完善投入要素资源登记使用管理制度和生产操作章程,确保农产品质量安全。在农业产业链的产后环节,农业龙头企业制定企业产品品牌培育规划,通过定量包装、标志标识、商品条码等方式推动农产品包装规范化、新颖化和产品标准化,提升联合体农产品整体形象,促进农产品销售,提高农产品附加值。运用信息技术和现代营销手段,发展网上交易、电子商务,建立网上销售平台,组织成员利用网络进行网上直销。同时,加快发展连锁经营、物流配送等形式,促进农产品流通销售。

2. 专业合作社

在现代农业产业化联合体内部,专业合作社上联龙头企业,下联家庭农场及专业大户,起到中介纽带作用。在农业产业链的产前环节,专业合作社一方面负责将龙头企业采购的农业生产资料分发给各家庭农场及专业大户,并及时向农户发布最新的农业市场信息;另一方面帮助龙头企业收集并整理农户的详细信息,为龙头企业制定生产标准提供参考。在农业产业链的产中环节,专业合作社在龙头企业指导下为农户提供耕、种、收、管、灌、烘等全程化的服务。专业合作社在龙头企业委托统一组织收购农产品;服务性合作社以低于市场价的价格为联合体内的家庭农场和专业大户提供农机农艺等服务。专业合作社在产业链的各个环节都要协调好龙头企业和家庭农场及专业大户的关系,并对龙头企业及农户在生产经营过程中可能出现的违约行为进行时时的监督管理,一旦发现有经营主体出现违约情况,立即按照契约的相关规定予以相应处罚。

3. 家庭农场及专业大户

在现代农业产业化联合体内部,家庭农场及专业大户拥有劳动力、土地、农用生产资料和一定的农业生产技能,是现代农业产业化联合体存在和发展的基础。在农业产业链的产前环节,家庭农场及专业大户按市场价格从普通农户手中流转适度规模的土地,以低于市场价的价格向龙头企业采购农业生产资料。在农业产业链的产中环节,家庭农场及专业大户按照龙头企业的要求承担种植任务。

在现代农业产业化联合体内部,传统的农业生产过程仅是整个产业链中的一个环节,分散的农业生产活动被整合进一个统一的新型农业经营组织内。联合体内部各经营主体各自所具有的核心竞争力集成产业链整体的核心竞争力。紧密的产业链接,使现代农业产业化联合体的产业链品牌价值得到提升,不论是初级的农产品还是经过精深加工的农产品价格都得到了提高,现代农业产业化联合体内部的各经营主体都得到价格提高所带来的利润增加,分享到产业链接带来的效益,内在聚合关系更加紧密。

三、利益共赢

完善的利益联结机制是现代农业产业化联合体持续健康稳定发展的内在动力,是内在聚合发展的核心。龙头企业、专业合作社、家庭农场及专业大户作为理性经济人,都以实现自身利益最大化为根本目标,在联合体获取利润一定的情况下,各经营主体对利润的分配必定是此消彼长。而家庭农场、专业大户与龙头企业相比,在利益分配上处于相对弱势地位,很难分享到加工、销售环节的利益。当遭遇市场风险时,经营困难的龙头企业违约动机增强,龙头企业为了保全自身不顾其他经营主体利益的甚至转嫁风险的意愿增强。因此,现代农业产业化联合体内部各农业经营主体必须建立有效的约束和激励机制,实现风险共担和利益共享,才能保证联合体内在聚合的稳定。

1. 利益共享

现代农业产业化联合体内的各类新型农业经营主体依照《合同法》签订生产服务合同、协议,通过签订合同契约形成紧密联结,依据合约规定行使各自的权利并履行各自应该承担的责任。龙头企业依托专业合作社为家庭农场和专业大户提供产前、产中、产后的全程化服务,与农户形成紧密型经济利益共同体。龙头企业发挥品牌化运营引领作用,制定统一的生产标准,并以低于市场价的价格向家庭农场及专业大户出售农业生产资料,农户购买农业生产资料的费用转为农产品在收购时可能存在的价格风险的弥补资金。农民专业合作社联结龙头企业和家庭农场、专业大户,发挥着中介纽带作用,在龙头企业指导下为农户提供耕、种、收、管、灌、烘等服务。产业合作社在龙头企业委托下统一组织收购农产品;服务性合作社以低于市场价的价格为联合体内的家庭农场和专业大户提供农机农艺等服务。龙头企业确定收购农产品的数量、品质,并按照契约规定以高于市场价的价格回收家庭农场、专业大户、合作社生产的全部农产品。专业大户、家庭农场可以以土地承包经营权等资产、资金入股专业合作社、龙头企业,可以获得加工、销售环节利润的分红,龙头企业也可按规定比例参股专业合作社,获得专业合作社的利益分配,这样可以使现代农业产业化联合体内各经营主体获得平均利益。

　　利益共享的本质是增加现代农业产业化联合体内部各经营主体的利润,其数学模型为:

$$LG_i = \frac{R'_i}{R_i} \tag{4.6}$$

　　其中,R'_i、R_i 为第 i 个经营主体的参加现代农业产业化联合体前后的收益,当 $LG_i > 1$ 时,各经营主体实现了利益共享;反之,当 $LG_i \leqslant 1$ 时,各经营主体没有实现利益共享。

　　现代农业产业化联合体在明确分工的基础上,形成了联合体内部各经营主体的盈利模式，实现了利益共享。龙头企业利用规模采购和向家庭农场、专业大户及专业合作社提供农业生产资料，获取差额利润；通过专业合作社的中介纽带作用，降低了交易成本；通过制定农产品质量标准以及专业合作社对农户的监督管理，获得了安全可靠的原材料；通过减少采购环节、产品质量的提高及规模经济效益获取比较高的利润。在联合体中，生产性合作社一方面通过提供技术指导获取一定的服务费，另一方面帮助龙头企业完成农业生产资料的供应和农产品的及时回收，从而获得相应的提成。服务性合作社以低于市场的价格为农业产业化联合体内部的家庭农场和专业大户提供农机农艺等服务，有了稳定的服务面积和集中连片的服务环境，依靠规模服务使服务效益有了保障。家庭农场和专业合作社通过使用新技术、新设备提高劳动生产率和土地产出率；通过从龙头企业那里得到低于市场价的生产资料，生产出的农产品以高于市场的价格出售给龙头企业，获得可观的收益；通过以土地承包经营权等资产、资金入股专业合作社、龙头企业，可以获取加工、销售环节利润的"二次返还"。

2. 风险共担

建立完善现代农业产业化联合体内部各类主体风险分担机制，对抵御自然和市场风险，降低风险影响程度以及主体紧密联合至关重要。在联合体内部，家庭农场、专业大户参加种植业自然风险的农业保险时，龙头企业和专业合作社也要配合参保，多元规模参保，降低保费费率，提高赔付标准。生产性专业合作社按一定的比例提取风险基金，以应对生产风险。现代农业产业化联合体内各经营主体从每年获取的共同经营利润中提取一定比例建立风险基金，当出现由于自然灾害导致农畜产品大量减产甚至绝收的情况,龙头企业就从风险基金中提取部分资金补偿家庭农场和专业大户的种养损失。同时,政府部门也配套建立相应的联合体风险防范基金,当出现市场风险引起市场价格下行压力增大、销售整体不畅时,龙头企业承受巨额的经济损失时,政府应从建立的联合体风险防范基金中拿出一部分资金补贴龙头企业,帮助联合体渡过难关。在现代农业产业化联合体内,龙头企业相对于家庭农场和专业大户来说,在资金、技术、信息等方面处于相对优势地位,存在逃避应有责任,损害农户利益的风险。为了更好地维护参加联合体的家庭农场和专业大户的利益,有关农业部门应该建立农户利益保障体系、农户满意度体系、资产负债率体系、销售收入增长率体系、农户带动量体系和市场竞争潜力六大方面的指标体系,加强对龙头企业的动态监管(邵喜武等,2004)。家庭农场和专业大户在现代农业产业化联合体内虽然处于相对弱势地位,但从理性经济人的角度出发,也存在道德风险和逆向选择。而联合体内的专业合作社作为承接龙头企业和农户的中介纽带,在联合体内获得了稳定而可观的经济利益,出于长远利益的考虑,专业合作社会对家庭农场及专业大户的机会主义行为进行有效的监管和约束,防止农户的机会主义行为或违约行为的发生。

第二节　现代农业产业化联合体的外在协作标准

从本质上来看,现代农业产业化联合体是一种新型的产业化经营组织形式,它不具有独立的法人主体资格,是非法人的组织机构。联合体内部各经营主体分工合作,紧密联合,形成一个有机系统,属于企业联盟性质。现代农业产业化联合体作为一个有机系统,需要不断地与外部环境和外部主体进行接触,在相互协作的过程中,联合体必须遵守一定的外在协作标准。现代农业产业化联合体的外在协作标准主要体现在充分性、适宜性和有效性这三个条件上。充分性、适宜性和有效性是系统管理体系的三个标准,这里用来说明现代农业产业化联合体作为一个有机系统,与外部环境和外部主体的关系必须符合的标准和条件。

一、充分性

充分性包含两方面的含义:一是指系统管理体系在组织内部的全部活动中的普及和控制力度,主要表现为系统管理体系的要求、过程开展和监管控制的全面性;二是指某种组织体系的完善程度,主要体现在组织体系的结构(如规章制度、组织结构、资源配置体系、目标指标结构、措施体系等)是否充分,架构是否合理;生产经营过程和活动是否系统;所需信息是否完备;采用的方法措施是否适当等。为保证组织体系正常而完整的运作,系统管理体系的充分性标准必不可少,要将标准所要求的各种要素充分纳入,以此避免由于某些要素遗漏而产生的组织体系缺乏资源支撑、规章遵循和权责履行缺失、信息交流不对称等问题,从而导致组织体系表现出运作不顺畅、效率不高、残缺不全的现象。组织就是个体充分认识到自身能力和自我目标实现之间存在相对不匹配的情况下,通过签订相应的契约或者遵循某一制度联合在一起,以联合体的形态来完成某种目标的群体。社会组织是一个开放性较强的群体,组织内部的有关成员在一定的制度约束下进行专业化分工,并按照一定的外部需求和自身结构形式进行适应和调整,通过不断完善组织结构,增强组织的完整性和系统性,从而达到高于自身能力的既定目标。所以,社会组织构建应该从组织目标、人员构成、结构体系、运行制度等方面着手,不断完善社会组织在形成、发展、功能发挥以及社会环境互动等方面的运行协作机制。

自从我国加入 WTO 以来,农业对外开放程度不断加强,农业发展受到国际农产品供求和价格剧烈波动的影响加剧;与此同时,随着国内农产品市场体系的日益完善,期货市场快速发展,资本市场业已成为影响农产品市场的重要因素。面对国内外农产品供求、资本等多种因素的联合影响,农产品市场波动幅度加大,所面临的风险不断增强。随着城镇化和工业化进程的加速推进,我国农村青壮年劳动力大量外流,导致广大农村地区开始出现空心化现象,老人、妇女和儿童成为农业生产的主力,农业的生产经营状况面临严峻挑战。在这种状况下,积极推动龙头企业、专业合作社和家庭农场及专业大户等新型农业经营主体的发育壮大与联合,创新和完善现代农业经营组织体系,加快产加销、贸工农的一体化进程,推进农业的产前、产中、产后各环节的深度融合,延长农业产业链,提高农业的组织化程度,成为稳固我国农业的基础性地位和应对农业市场风险的必然选择。

农业经营组织体系的充分性主要是指组织体系内各类经营主体的完备性、生产经营活动中涉及的全部环节的系统性与组织体系内部相关规章制度的合理性。在资源要素禀赋和生产技术水平既定的情况下,农业经营组织体系的充分性在现代农业发展中起着不可替代的作用。自从 1978 年改革开放以来,我国农业经营组织体系不断发展完善,从传统的农产品自由交易市场逐步向"公司+农户"或"公司+基地+农户"、"公司+中介组织+农户"和"公司+专业合作社+农户"过渡,再向现代农业产业化联合体方向演进。如图 4-1 所示,在我国农业经营组织体系不断创新和演进的过程中,农业生产经营的全主体、全过程、全环节受到有效控制,系统性不断增强。在龙头企业的引领和带动下,农业的生产、加工、流通和销售等环节不断融合,从单打到联合,从松散联合到紧密联合,农业产业化经营程度不断加强,组织体系内部的新型农业经营主体的构成不断丰富,专业化分工更加明确。

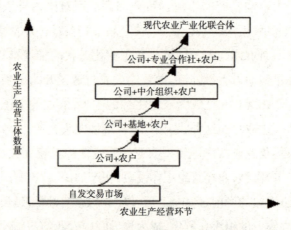

图 4-1 中国农业经营组织体系演进历程

中国农业经营组织体系充分性的演进历程大致可分为如下阶段:第一是自发交易市场阶段,这一阶段的农业生产主要由传统农户完成,公司与农户在市场上自由交易,农业的生产经营等环节完全分开,公司与农户之间的商品契约关系还隐含着较多的不稳定因素,第二是"公司+农户"阶段,龙头企业通过和农户签订比较规范的购销合同,把部分农户转化为职业的产业工人,延长农业产业链,使农业生产环节进入企业产业链条,成为产业链上的起始环节,但龙头企业与农户之间的关系仅局限于产品销售,因而不是完全的垂直一体化组织;第三是"公司+中介组织+农户"阶段,在这一阶段,中介组织充当龙头企业和农户之间的润滑剂,与公司和农户形成合作关系,中介组织一方面代表龙头企业对农户的农业生产行为进行监督,另一方面又代表农户与龙头企业签订订单,提高农户的议价能力;第四是"公司+专业合作社+农户"阶段,在这一阶段,公司连接专业合作社或农户,专业合作社为农户的农业生产提供农业生产资料和技术指导,并代表农户与龙头企业协商农产品价格,部分专业合作社还负责对农产品进行初级加工;第五是"现代农业产业化联合体"阶段,其通过将龙头企业打造为产业化联合体的核心,引领家庭农场、专业大户等经营主体发展,逐步形成以传统农户、专业大户和家庭农场为基础,专业合作社为纽带的融合产工贸及社会化服务于一体的新型农业经营组织形式。

本节试图从农业经营组织体系内部各类农业经营主体的种类数和所涉及的农业生产经营环节两个角度出发构建组织充分性指数,用以测算各类农业经营组织体系的系统性和组织化程度。假设两个构成要素的重要性相同,并分别赋予其 0.5 的权重。农业经营主体分为龙头企业、专业合作社、家庭农场(或专业大户)、传统农户四大类;农业生产经营环节包括产前、产中和产后三大环节。则组织充分性指数可以表示为:

$$C = 0.5 \times \frac{n}{4} + 0.5 \times \frac{m}{3} \qquad (4.7)$$

式中,C 为组织充分性指数,n 表示某类农业经营组织体系内部的经营主体种类数,m 表示该类农业经营组织体系所涉及农业生产经营环节的数量。其计算结果如表4-1所示。

表 4-1 各类农业经营组织体系组织充分性指数

农业经营组织体系	自由市场	公司+农户	公司+基地+农户	公司+中介组织+农户	公司+专业合作社+农户	现代农业产业化联合体
组织充分性指数(%)	29	47	50	58	76	100

计算结果表明,现代农业产业化联合体这一新型的农业经营组织体系的系统性和组织化程度最高,组织充分性指数达到100%。联合体的充分性主要表现在以下三个方面:

首先,现代农业产业化联合体是由龙头企业、专业合作社、家庭农场、专业大户等新型农业经营主体构成的,各个经营主体从产业链或者价值链角度出发,建立了专业化的分工体系,其中,龙头企业凭借其在现代农业生产经营上的要素优势和经营模式优势,通过向家庭农场、专业大户等经营主体提供生产要素资源和帮扶建立完善的经营模式引领其发展,成为现代农业发展的核心和要素、模式输送通道;专业合作社上连龙头企业,下接农户,起到中介纽带作用,为农业生产的产前、产中、产后各环节提供服务;家庭农场、种养大户通过土地流转和精耕细作,成为联合体发展的基础。联合体内各类经营主体基于专业化分工建立了"一体化"的组织形式,优化了要素资源的配置,摊薄了农业生产成本,增强了现代农业的市场竞争力。

其次,各经营主体签订了完善的契约或合同,并制定了联合体内部的规章管理制度,龙头企业利用订单、入股分红、利润返还等形式同农户结成了休戚相关的利益联盟,共同分享农产品精深加工带来的超额收益。完善的规章制度和利益联结机制保证了联合体的长期稳定,并减少了联合体内部各经营主体的违约风险,降低了交易成本。

最后,各主体通过签订契约合同,将农业生产的生产资料供应、农产品生产、回购、加工、销售流通等环节整合成一个一体化、分工明确、高效协调的整体,使农业生产的产前、产中、产后等诸环节的经济资源得到整合,从而获得规模和协同效应。通过将农产品生产、加工和销售链条上不同环节的主体联结起来,实行贸工农、产供销的专业化、规模化和一体化经营,现代农业产业化联合体解决了当前农业生产经营中的一系列矛盾和问题,为联合体取得经济、社会和生态效益的协调统一奠定了坚实的基础。

二、适宜性

适宜性是指系统管理体系与组织所在的内外部环境相适宜的过程,即在面对内外部环境条件变动的情况下,通过相应调整和改进实现既定方针和目标的能力,这是一种动态的适宜过程。一般来说,组织主要受到相关法律法规和产品标准调整、顾客需求和期望改变、生产资料供应者行为突发变化和科技水平不断提高等外部环境的影响,同时组织内部各个机构的协调、职能的划分、高管人事变动、财务状况变化、运营机制调整、组织宗旨变化等因素也会对组织发展产生一定的作用。内外部环境的不断变化带来了各种风险,需要组织从外部环境的特性、内部环境的特性和信息交流的特性等方面及时调整系统管理体系的框架和内容,从而适应组织的内外部环境及其运动过程的变化。外部环境主要体现在科学技术、市场状况、顾客期望、法律法规要求和其他社会要求在内的一系列外部因素对组织系统管理体系的冲击,内部环境集中表现为组织内部的愿景、企业文化、组织架构、员工素养、技术条件、组织规模等要素对组织的系统管理体系产生的影响,而信息交流的特性则突出表现为系统管理体系与外界间的信息交换对组织产生的影响等。因此,面对内外部动态变化的各种冲击,系统管理体系必须具备适宜性,只有与内外部环境变化相适应,组织才能高效协调运转,才能实现既定的目标和方针。

现代农业产业化联合体是一种新型的农业经营组织形式,在其发展过程中,外部市场环境和联合体内部管理运营的不断变化必然会给联合体带来各种风险。长期以来,国内外许多学者对农业生产经营风险及其诱导因素进行了大量研究并取得了一定成果,本书在充分分析已有文献的基础上,基于现代农业产业化联合体的特点和外部环境的变化,将联合体所面临的农业风险划分为以下几种类型:(1)自然灾害风险。自然灾害风险是指由于天气、气候等自然因素的不规则变化给农业生产带来的影响,由于农业对自然环境的依存度较高,这就决定了自然灾害风险是农业经营组织体系面临的最主要风险。(2)市场风险。市场风险主要指由于未来市场价格的不确定性而导致生产资料和农产品销售价格的不稳定,从而对农业经营组织体系实现既定目标产生不利影响。(3)违约风险。违约风险是指龙头企业与农户合作的不稳定性,一方面,由于龙头企业很难通过契约来对农户的行为进行监督,导致农户存在道德风险和逆向选择;另一方面,龙头企业的自利性也会引发起机会主义行为。(4)政策风险。政策风险主要是指国家税收政策、区域发展战略等宏观政策和地区发展政策的变动及对农业扶持政策的调整变化给农业生产者带来的不利影响。

农业生产经营集自然再生产和经济再生产于一体,由于农业本身存在的脆弱性和生产过程中出现的特殊性,使得各类农业经营主体和组织在进行规模化、集约化的农业生产时不仅要经常遭受各种自然灾害风险,还要面临经济社会发展中各种不确定性因素造成的风险。为实现与外部环境和外部主体的关系协调融合,保证农业经营组织健康稳定的发展,各类农业组织必须具有很强的调整能力和能动性,建立起完善的风险共担机制,能够随内外部环境的变化而不断调整自身的组织结构和经营策略。

现代农业产业化联合体的适宜性是指联合体具有一套完善的风险防范机制,能够对内外部环境的变化做出相应的调整,并能对各种风险进行有效控制。联合体适宜性的实现主要通过以下途径:第一,联合体是龙头企业、专业合作社、家庭农场、专业大户等多种新型农业经营主体的联合,当遭遇自然灾害风险时,不再只由农户单独承担,而是由联合体内部各主体共同承担,这一方面分担了农户的生产风险,提高了农户加入联合体的积极性;另一方面也稳定了农业生产,使得龙头企业能够获得稳定的农产品供给,有效地降低交易费用。同时,龙头企业也可以凭借自身在技术、信息、资本等方面的实力,加强对自然灾害风险的预测和防范,从而降低联合体的自然风险损失。联合体将每年获取的共同经营利润予以一定比例的扣除,形成风险基金,当遭受重大自然灾害时,联合体也能依靠风险基金存活下来。第二,在联合体内,龙头企业代替农户进行农业生产资料的采购,当遭遇农资价格大幅上涨的风险时,联合体能够凭借其规模采购和龙头企业议价能力强的优势,降低采购成本。此外,龙头企业根据市场信息指导农户从事农业生产,代替了传统农户的盲目种植,有效降低了农产品供求失衡的状况。当联合体遇到农产品市场行情萧条时,可以依托联合体先进的储存技术和规模化的储存基地先对农产品进行储存,等行情转好时再到市场销售,这样可以显著增强联合体抵御市场风险的能力。

第三,联合体是以契约为纽带形成的紧密型利益共同体,通过契约可以使龙头企业和农户之间的交易稳定在联合体内部进行。联合体内部完善的监督约束机制和专业合作社这一中介纽带的介入,保证了龙头企业与农户之间契约的稳定性。假如出现违约行为,违约主体将会承担极高的违约成本,并由专业合作社强制执行,从而能够强化各经营主体的诚信意识,有效杜绝违约风险的发生。

适宜性的强弱是现代农业产业化联合体能否健康稳定发展的重要标准,适宜性越强,表明联合体自身的调整能力以及应对内外部环境变化导致的各种风险的能力越强,则联合体这种新型的农业经营组织形式成功的可能性就越大。因此,测算出联合体适宜性的大小,并对联合体的适宜性进行综合分析和评价就显得尤为重要。本节从现代农业产业化联合体应对自然灾害风险的角度出发,通过构建适宜性指数对联合体在遭遇自然灾害时的适宜性进行测算,其数学模型为:

$$S = \frac{Q - D_{min}}{D_{max} - D_{min}} \tag{4.8}$$

其中,S 表示联合体的适宜性指数,Q 为联合体在遭遇自然灾害年份的粮食亩产,D_{max} 和 D_{min} 分别表示之前 5 年粮食亩产的最大值和最小值。若 S 的值介于(0.8,1.0),表明联合体抵御自然灾害风险的能力较强,适宜性较好;若 S 值介于(0.5,0.8),表明联合体适宜性适中;若 S 值小于 0.5,则表明联合体抵御自然灾害风险的能力较弱,适宜性较差。

三、有效性

有效性是用来度量某一组织对完成某一活动所能达到策划结

果的程度,即按照系统管理体系的要求,完成相应的活动,从而达到事先设定的既定策划目标的程度,主要包括过程效益、经营效益、合规程度、顾客满意度等。有效性是用来要求组织实现有效运行,完成预设目标的标准。一般包括以下几点:一是能否按规定在关键过程和环境因素得到有效控制的情况下完成组织体系中的各项活动;二是能否使得产品的质量、经营效益、环境绩效保持稳定并使组织内的成员顾客、环境相关部门满意;三是能否协调运作系统管理体系的运行,使系统顺利地完成既定目标等方面。因此,有效性是系统管理体系内必不可少的衡量标准,其保证了组织体系的策划目的和战略目标得以按期实现,达到预期成效,进而使得组织的管理水平、社会地位以及竞争力得以提升。组织可以通过比较有关信息和预设的目标方针来判定系统管理体系的有效性。相关信息主要有以下几点:一是顾客的反馈,即顾客满意度;二是实施的业绩,即实现直接或间接增值而达到预设目标的程度,包括提高成本降低程度以及生产效率改善情况等;三是产品的符合性,包括满足顾客需求、法律法规及组织要求的符合程度。现代农业产业化联合体的有效性主要体现为联合体的综合效益。联合体是龙头企业、专业合作社、家庭农场及专业大户、社会化服务组织这几类新型农业经营主体通过"一体化"形式结合起来的,与同类产业各经营主体单独经营相比,这个有机系统必须充分发挥整体的规模优势,实现增值和利益共赢、提高农业综合生产能力,并与生态环境协调发展。现代农业产业化联合体要在经济效益、社会效益以及生态效益等方面符合一定的标准和条件,实现综合效益的有机统一。具体表现在以下三个方面:

1. 经济效益

充分利用龙头企业的资金和技术优势,增强现代农业产业化联合体生产的科技支撑,耕种收综合机械化水平超过80%,确保每个联合体有1个专家组,每个专业合作社有1名专家,每个家庭农场有1名技术员,全程跟踪服务。发挥现代农业产业化联合体的规模经营和集约经营优势,提高农业产出率和质量效益,使联合体种植业亩产比分散经营农户高10%以上。通过实现信息资源共享、分享销售渠道、减少生产流通环节和批量采购等费用等措施降低农业生产成本,龙头企业通过批量采购农资和农机等农业生产资料比普通农户单独采购节省采购成本超过5%以上,农业生产总成本减少10%以上。实施品牌战略,龙头企业申报"三品"(无公害农产品、绿色食品和有机农产品)认证及原产地标记、地理标志,培育产品竞争力强,市场占有率高、影响范围广的知名品牌,提高农产品附加值,龙头企业经营规模显著提高。

2. 社会效益

现代农业产业化联合体带动农民增收效果非常明显,调查资料显示,运营较好的现代农业产业化联合体带动联合体内农户的年度收入高于本县(市、区)同行业一般农户年度收入30%以上。开展新型农民教育培训,以培训职业农民为重点,加强对现代农业产业化联合体内部各农业生产经营者的教育培训,保证联合体内持有农机驾驶操作、机械维修、会计从业等专业技术资格证书的人员比例在50%以上。通过标准化生产,统一采购、规范使用质量可靠的农资产品,保证农产品质量安全,确保农产品质量达到100%安全。为农民就近就地转移就业搭建平台,保证在联合体内

从事生产经营活动的本地农民人数逐年稳步上升。搭建农村土地
流转平台,扩大土地托管经营比例,实现多种形式规模生产。经营
主体在联合体内部发挥着各自优势,开展全程社会化服务,服务内
容主要包括产前的种子、化肥、农药等农资供应环节,产中的耕、
种、管、收等机械化作业环节以及产后的销售、运输、加工等服务环
节,满足不同经营主体对社会化服务的需求。

3. 生态效益

注重水资源保护,现代农业产业化联合体内统一采用节水灌
溉技术,同时积极发展喷灌和微灌技术,提高农业灌溉效率,保证
农业灌溉用水的利用系数达到 0.6 以上,较单个农业经营主体从
事农业生产实现节水 50% 以上。提高有机肥使用率,保证联合体
内有机肥使用率达到 15% 以上,同时降低化肥及农药的使用,确
保化肥、农药的使用量比普通农户低 20%,以消除环境污染,增加
土壤有机含量。采取秸秆还田或者发展秸秆综合利用技术对秸秆
进行加工利用,杜绝在现代农业产业化联合体内出现秸秆焚烧现
象。龙头企业统一采购种苗,确保良种覆盖率达到 100%。实现
现代农业产业化联合体质量安全监管和检测全覆盖,检测合格率
达到国家规定标准以上。

四、综合效益评价

现代农业产业化联合体综合效益评价是以经济—社会—生态
耦合发展理论和可持续发展理论为基础的,因此,联合体综合效益
评价需评估其对经济增长、社会发展和生态环境保护所产生的作
用和影响,不仅要考虑其经济效益,还要考虑其社会效益和生态效
益,是一个多目标综合评价问题。

1. 评价指标体系的建立

与其他农业经营主体一样,现代农业产业化联合体的构建必须建立在农业增效和企业增利的基础上。与以前农业经营主体不同的是,现代农业产业化联合体还必须追求社会效益和生态效益,也就是经济效益、社会效益和生态效益统一。所以,本书在遵循评价指标设置的科学性、相关性、系统性和全面性等一般原则基础上,并查阅大量相关文献和实地调研,结合联合体自身的特点,构建了一套综合评价现代农业产业化联合体经济、社会和生态效益评价指标体系(见表4-2)。

表4-2　现代农业产业化联合体运营效益评价指标体系

目标层	准则层	具体指标	符号及单位
现代农业产业化联合体综合效益(A)	经济效益(B1)	每亩收益(+)	C1(元/亩年)
		龙头企业净利润(+)	C2(万元)
		专业合作社年均收入(+)	C3(万元)
		农户生产费用(-)	C4(元/亩)
		专业大户年均收入(+)	C5(万元)
		家庭农场年均收入(+)	C6(万元)
	社会效益(B2)	农民人均年收入(+)	C7(元)
		土地流转面积(+)	C8(亩)
		职业农民(+)	C9(人)
		机械化率(+)	C10(%)
		三品认证个数(+)	C11(个)
	生态效益(B3)	有机肥使用率(+)	C12(%)
		农药使用量(-)	C13(吨)
		有效灌溉率(+)	C14(%)
		产值能耗(-)	C15(千瓦/元)

评价体系包括目标层、准则层和指标层三个层次。目标层使

用现代农业产业化联合体综合效益(A)指标,准则层包括经济效益(B1)、社会效益(B2)和生态效益(B3)。当前农产品成本的地板不断抬升,价格的天花板显现,"两板挤压"下,农业的效益和企业的利益主要表现为经济效益。为了评价现代农业产业化联合体的经济效益,设置了反映联合体内部各经营主体经济利益和农业增效方面的 6 个正(逆)向具体指标。社会效益主要是对农民增收的带动能力,采用了与农民收入密切相关的 5 个正向指标,土地流转面积越大、职业农民数量越多、农业机械化率越高、三品认证数越多,农民收入都会越多。生态效益重点是反映资源和环境约束情况,采用了 2 个正向指标、2 个负向指标,有机肥使用率、有效灌溉率越高,农药使用量、产值能耗越低,生态效益越好。

2. 采用 AHP 法确立指标体系权重

建立判断矩阵并进行层次单排序及一致性检验。建立判断矩阵前,必须先咨询专家并进行实际调查,再根据专家意见及实际情况建立两两比较的判断矩阵,然后根据判断矩阵计算权重向量并进行一致性检验。结果如下:

A-B 判断矩阵,$\lambda_{max} = 3.0277$,$CR = 0.0239 < 0.1$;

B1-C 判断矩阵,$\lambda_{max} = 6.1449$,$CR = 0.0232 < 0.1$;B2-C 判断矩阵,$\lambda_{max} = 6.0546$,$CR = 0.0091 < 0.1$;B3-C 判断矩阵,$\lambda_{max} = 4.0902$,$CR = 0.0325 < 0.1$。

根据以上计算结果,CR 的值均小于 0.1,表明以上判断矩阵具有满意的一致性。

通过计算各准则层相对于目标层的权重以及具体指标在准则层的权重,得到具体指标对应目标层的权重,如表 4-3 所示。

表 4-3　现代农业产业化联合体运营效益评价指标体系权重

指标	C1	C2	C3	C4	C5	C6	C7	C8	C9	C10	C11	C12	C13	C14	C15
权重	0.1822	0.1232	0.0590	0.0388	0.0974	0.0974	0.0786	0.0559	0.0387	0.0341	0.0173	0.0684	0.0153	0.0491	0.0263

数据来源:根据实际调研数据,利用 AHP 法(层次分析法)确立指标体系权重。

其中,$\lambda_{max} = 0.0248$,$CR = 0.0447 < 0.1$,表明具体指标权重具有满意的一致性,可以应用于现代农业产业化联合体综合效益评价。

3. 指标数据标准化处理

由于各指标之间存在量纲差异,不能直接进行综合效益评价,因此需要对数据进行标准化处理,本书选取极差变换法,它的标准化过程如下:

$$正向指标极差化方法:Y_i = \frac{X_i - \min(X)}{\max(X) - \min(X)}$$

$$逆向指标极差化方法:Y_i = \frac{\max(X) - X_i}{\max(X) - \min(X)}$$

其中,Y_i 即为标准化后的数据,X_i 为各指标某年的实际数据,$\max(X)$ 和 $\min(X)$ 分别为相应指标一定年限内实际数据的最大值和最小值。

4. 综合效益评价分析框架的建立

本节选取线性加权和函数法,利用各个指标的权重及经标准化处理后的数据,建立现代农业产业化联合体综合效益评价分析框架:$S = \sum_{i=1}^{N} u_i Y_i + \sigma$。式中,$S$ 为现代农业产业化联合体综合效益评价指数,N 为指标数,u_i 为各评价指标权重,Y_i 为各评价指标标准化后的数值,σ 为随机干扰项。

　　基于理论研究和实践总结,分析现代农业产业化联合体实践中的典型模式(见图4-2)。从联合体组成说,应该以龙头企业为核心,包括专业大户、家庭农场、专业合作社和传统农户,并且符合内部聚合发展和对外开放协作标准。内在聚合标准主要体现在要素流动、产业链接、利益共赢这三个联结上,现代农业产业化联合体以契约达成产业、要素、利益联结一体,是一种紧密联结的新型农业经营组织形式。在现代农业产业化联合体的外在协作标准中,充分性主要是指联合体内各类农业经营主体的完整性、农业生产经营活动中各环节的系统性以及组织内部规章制度的合理性;适宜性是指联合体具有一套完善的风险防范机制,能够对内外部环境的变化做出相应的调整,并能对各种风险进行有效控制;有效性主要体现为联合体的综合效益,是经济效益、社会效益和生态效益协调统一。

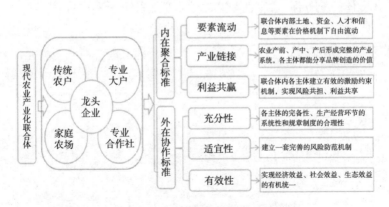

图4-2　现代农业产业化联合体实践范式

　　在现代农业产业化联合体的内在聚合标准中,要素流动机制是现代农业产业化联合体实现紧密联结的重要支撑,是联合体内在聚合发展的保障；紧密的产业链接机制是现代农业产业化联合体不断增效增收的重要途径，是联合体内在聚合发展的根本；完善的利益联结机制是现代农业产业化联合体持续健康稳定发展的内在动力，是内在聚合发展的核心。

本章通过分别测算现代农业产业化联合体的人均耕地面积、自有资金和外来资金的融合率、联合体内农业劳动者受教育程度以及联合体内各经营主体的农业社会化服务水平，以期对土地、资金、人才和信息四大要素在联合体内的流动效率进行评价；通过测算联合体的产业影响力系数，来衡量联合体内第一产业对国民经济其他产业部门的拉动作用，分析联合体内三次产业的融合程度；通过对比各经营主体在参加现代农业产业化联合体前后的收益变化，分析联合体的利益联结机制，并构建了组织充分性指数、适宜性指数和现代农业产业化联合体综合效益评价分析框架，分别对联合体的充分性、适宜性和有效性水平进行分析和评价。

第五章　现代农业产业化联合体
　　分类标准研究

现代农业产业化联合体的分类标准是实践中识别和扶持联合体的基础,是示范推广联合体的重要依据。分类标准包括一般标准和具体标准,一般标准指联合体必须满足的基本条件,是构成联合体的要件,具体标准是在一般标准基础上还应具备的条件,是区分不同类型不同示范级别联合体的具体要求。

第一节　现代农业产业化联合体分类的一般标准

联合体是率先在安徽探索出的一种新型农业经营组织联盟,为促进联合体健康发展,有针对性地加强对联合体的指导、扶持与服务,首先需要判定一个农业经营组织是不是现代农业产业化联合体,这就要把握联合体的主要特征,明确联合体分类的一般标准。

一般来说,联合体应同时具备以下八个条件。

一、联合体有成员共同制定的章程

联合体章程重点就进入、退出联合体的条件,联合体本级资产管理,联合体内新型农业经营主体的权利和义务等形成明确条文。联合体章程须经联合体成员大会集体讨论通过,才能生效。加入联合体必须建立在经营主体自愿基础上,由经营主体提出申请,通过审核申请者的生产经营及信用情况,决定是否接纳其为成员。退出联合体也必须申请,阐明退出理由,由联合体成员大会讨论决定。严重违反联合体章程,损害联合体或各主体利益的,可由联合体成员提名,联合体成员大会予以强制退出。

二、联合体有围绕主导产业的建设方案

建设方案也就是实施方案,包含发展规划、产业选择、资金计划和利益分配等。在联合体内部,龙头企业与专业合作社、家庭农场及专业大户形成纵向一体化,各主体基于产业链或价值链开展专业化分工,将农业产前、产中、产后环节联结成完整的产业系统。在产前环节,龙头企业承担农业生产资料的供应,通过规模采购种苗及其他农业生产资料并以低于市场价的价格向家庭农场及专业大户统一供应。在产中环节,龙头企业为农业生产制定产量及品质标准,家庭农场及专业大户按照龙头企业的要求承担种植养殖任务,在专业合作社的统一协调和指导下,通过技术、资本等生产要素投入,开展规模化、标准化、品牌化的农业生产活动,提高了劳动生产率、土地产出率和资源利用率,保证了农产品的有效供给。在产后环节,龙头企业对农产品进行加工,并负责农产品的流通与销售。

三、联合体有文字契约

契约化联合是体现现代农业产业化联合体组织紧密性和运营

规范性的主要特征,是区分联合体和其他农业经营组织差异的重要标准之一。契约化联合主要是指现代农业产业化联合体内的龙头企业、专业合作社、家庭农场及专业大户为了取得规模效应,通过签订规范的契约合同而结成的一种契约关系联盟。联合体内部各类农业经营主体通过签订规范的契约合同结成紧密的经济合作关系。各成员在平等、自愿、互利的前提下,通过各种合同契约的签订而结成一体化合作关系,契约化联合明确规定契约各方的责任权利,使产供销行为由原来松散、随意的隐性合作关系变为紧密、规范的显性合作关系,将契约各方的关系显性化、规范化、法制化,既保留合作各方经营的自主权,又在一定程度上降低了市场风险和交易费用,具有相当的灵活性和实用性。这种契约关系能够较好地解决利益分配问题,真正实现"风险共担,利益共享",稳定龙头企业、专业合作社和农户之间的合作关系。

契约化联合的形式主要有产品契约和要素契约。产品契约是指现代农业产业化联合体内各成员之间,以农产品销售为主要内容,通过制定规范的契约合同和规章制度而结成的一种合作关系。龙头企业通过专业合作社以较低的市场价格向家庭农场(专业大户)提供农业生产资料以及生产作业技术帮助,龙头企业以高于市场的收购价通过专业合作社收购农户种养殖产品,三方就产品的价格、数量、质量以及与生产相关的信贷、技术事项在产前达成协议,在完成生产后履行协议,并就下一期的生产进行协商。产品契约保证了龙头企业获得稳定的农产品供应源,农产品质量安全也得到了保障,三方都在一定程度上节约了生产成本,并获得了额外的利益分成。要素契约是指联合体内各经营主体共用生产要素资源,或者通过股份合作的方式,各成员之间通过联合运营(要素的联合)来建立和维持的经济合作关系。这种契约关系通过这样一个途径来实现:农户与农户之间通过要素联合参与专业合作社组建,龙头企业、专业合作社和农户之间以要素的联合为纽带来组建现代农业产业化联合体。龙头企业或专业合作社和农户签订土地流转契约,规范土地流转程序,确保土地流转和规模经营的持续性、有效性及稳定性;龙头企业和专业合作社、家庭农场、专业大户签订贷款担保、资金垫付、融资集资、风险基金等各项资金合同,为联合体健康持续发展提供资金支持;各经营主体签订信息流通共享服务合同,实现联合体全程生产物联网化;经营主体间通过签订农业实用人才培训合同和技术服务合同,提高联合体经营管理水平。

现代农业产业化联合体内部各成员在契约化体系中分工明确。龙头企业在联合体中起主导地位,是契约的主要制定者。龙头企业通过契约化方式发挥着组织农户、引导生产、深化加工、强化服务、拓展市场等多种作用,进而成为联合体产业化经营的组织者与协调者。专业合作社在农业产业化经营中处于联结政府、龙头企业、家庭农场(专业大户)的纽带地位,是契约制定的参与者,其作用主要是提高农户的组织化程度和市场谈判地位,加强分散农户与加工、流通企业及市场的对接,减少各参与主体的信息收集成本,降低交易费用,为龙头企业、家庭农场(专业大户)提供全方位服务,实现龙头企业和农户的专业化分工,提高联合体的生产经营效率。家庭农场(专业大户)在联合体中处于基础性地位,是现代农业产业化联合体的主要生产者,也是契约化管理的主要执行者。家庭农场(专业大户)按照合同要求从事农业生产,并将农产品保质保量卖给龙头企业,保证了龙头企业能够获得稳定而优质的农产品供给,为联合体的品牌化经营提供重要保障。

四、联合体内各主体之间有品牌化运营实际内容

品牌化运营是增强农产品市场竞争力的主要手段,是区分现代农业产业化联合体和传统农户经营模式差异的主要特征之一。分散的农户缺乏实施品牌战略的实力和动力,农产品品牌战略的实施需要付出巨额的费用,单个农户生产经营规模十分有限,农产品精深加工品种较少,质量无法得到保障,使其在创建品牌方面显得心有余而力不足。同时,单个农户的小规模经营导致单位农产品成本由于品牌创建成本的过高而大幅度提高,可以说,分散的农户缺乏实施品牌战略的动力。现代农业产业化联合体解决了发展品牌过程中必须的资金和动力问题,龙头企业作为现代农业产业化联合体的核心,通过与专业合作社、家庭农场及专业大户建立紧密的利益联结机制,确保了原料产品质量安全可靠及长期稳定供应,通过大量收购农产品进行精深加工并统一注册商标,大大降低了单位农产品实施品牌化战略的成本,实现了品牌的规模经济效益,从而解决了分散农户实施品牌战略动力不足的问题。

标准化生产是确保农产品质量安全的重要保障,而实行农产品标准化生产的关键环节是优质原料供应和生产程序标准化,只要按照标准投入优质原料并按规定程序生产,最终产品也就能达到相应的标准。而我国家庭经营制度很难实现优质原料供应和生产程序的统一。要让农户自觉按标准化生产,必须具备两个基本条件:一是要有人帮助、指导农户按标准化运作,实现原料农产品、生产程序的统一;二是按标准化运作要保证农户收益。龙头企业作为现代农业产业化联合体的核心,可以依托自身较强的资金和

技术优势,根据对市场的调查,合理地对家庭农场及专业大户进行技术指导,统一供应生产资料,统一生产程序,并依托专业合作社对家庭农场及专业大户的生产环节进行相应的监督和指导。现代农业产业化联合体内的龙头企业、专业合作社、家庭农场及专业大户通过签订契约,将标准化生产与农户利益通过法律捆绑在一起,明确规定了家庭农场及专业大户生产的品种、数量及收购价格,并建立了完善的利益分配机制,在经济利益的驱动下,家庭农场及专业大户有意愿按照龙头企业的要求从事标准化生产。

现代农业产业化联合体依托龙头企业雄厚的资金和技术实力,通过加大农业科技投入水平,对农产品进行加工,提高了农产品的科技含量。为了使家庭农场及专业大户掌握标准化生产的技术要求,龙头企业委托农业专家定期对农户进行培训,提高农户从事标准化生产的技术水平。依托专业合作社对家庭农场及专业大户的农业生产活动进行指导,统一生产流程、建立田间管理档案,详细记录生产过程,对农产品进行检测,通过建立农产品质量安全全程控制和可追溯制度,健全投入品登记使用管理制度和生产操作规程,从而保障了农产品的质量安全,为推进联合体农产品的品牌化建设奠定基础。现代农业产业化联合体生产的农产品实行统一包装、统一规格、统一品质,能够增强农产品的品牌竞争力。

"三品一标"是政府主导的农产品质量安全公共品牌,也是广大消费者认可的农产品放心品牌,在多年的建设发展中,已显现了较强的示范带动作用。现代农业产业化联合体内的农业龙头企业应制定产品品牌培育规划,积极申报"三品"认证及原产地标记、地理标志,引导企业强化质量管理,全面提高联合体成员商标注册、培育、运用、保护和管理能力,不断提升品牌竞争力。鼓励龙头企业进行农产品包装设计更新升级,采取定量包装、标识标志、商品条码等措施加速产品标准化,提升品牌农产品整体形象。现代农业产业化联合体内的龙头企业应积极参加各级各类农产品展销会、农博会、评优等活动,大力开展品牌的宣传和推广活动。通过运用信息技术和现代营销手段,发展网上交易、电子商务,建立网上销售平台,组织其成员利用网络进行网上直销。同时应加快发展连锁经营、物流配送等形式,促进农产品流通销售。

五、联合体有利益共享、风险分担机制

现代农业产业化联合体的各经营主体通过签订生产服务合同、协议,确立权责关系,并以专业合作社为中介纽带,对各方行为进行监督,使联合体内部交易成本大幅降低,有效防范了龙头企业、家庭农场及专业大户违约行为的发生;同时,联合体通过生产效益的合理有序分配,把龙头企业、专业合作社、家庭农场及专业大户建立成风险共担、利益共享的共同体,对各方都实现了有效的约束和激励,从而保障了联合体联系的紧密与稳定。龙头企业通过规模采购并向家庭农场、专业大户供应农业生产资料,获取差额利润;通过依托专业合作社的中介纽带作用,降低了交易成本;通过制定农产品质量标准以及专业合作社对农户的监督管理,获得了安全可靠的原材料;通过减少采购环节、产品质量的提高及规模效益获得了较高利润。在联合体中,产业性合作社增加效益的途径主要有两方面:一是协助龙头企业落实生产技术服务,从中可以获得一定的服务费;二是帮助龙头企业统一组织农业生产资料供应及农产品回收,龙头企业给予相应的提成。服务性合作社通过以低于市场价格为联合体内的家庭农场和专业大户提供农机农技

等服务,有了稳定的服务面积和集中连片的服务环境,依靠规模服务使服务效益有了保障。家庭农场和专业合作社通过使用新技术、新设备提高劳动生产率和土地产出率;通过从龙头企业那里得到低于市场价的生产资料,生产出的农产品以高于市场的价格出售给龙头企业,获得可观的收益;通过以土地承包经营权入股现代农业产业化联合体,可以获取加工、销售环节利润的"二次返还"。

六、联合体有明显的经济效益

现代农业产业化联合体是由龙头企业、专业合作社(社会化服务组织)、家庭农场(专业大户)等新型农业经营主体和传统农户构成的,各经营主体建立了基于产业链或价值链的专业化分工体系,其中:龙头企业是现代农业生产经营要素和经营模式向农业输送的重要通道,也是发展现代农业的核心,发挥了引领示范作用;专业合作社上连龙头企业,下接农户,起到中介纽带作用;社会化服务组织为农业的产前、产中、产后各环节提供社会化服务;家庭农场、种养大户是基础,承担了流转土地和精耕细作的任务。传统农户可以采取租赁、入股、代管、托管等形式流转土地,获得财产性收入,另外可以参与田间管理,获取工资性收入。各类新型经营主体通过"一体化"的形式有机结合起来,优化了要素配置,摊薄了生产成本,增强了市场竞争力。最终实现联合体内农业增效、企业增利和农民增收。

七、联合体有明显生态效益

为遏制农业面源污染扩大趋势,农业部发布了《关于打好农业面源污染防治攻坚战的实施意见》。该《意见》就防治农业面源污染提出了"一控两减三基本"目标:"一控"即严格控制农业用水总量,大力发展节水农业;"两减"即减少化肥和农药使用量,实施化肥、农药零增长行动;"三基本"指畜禽粪便、农作物秸秆、农膜基本资源化利用。通过开展农业面源污染防治攻坚行动,确保到2020年实现"一控两减三基本"的目标,即农业灌溉用水总量得到有效控制,化肥、农药使用实现零增长,畜禽粪污、农膜、农作物秸秆基本得到资源化利用和无害化处理,有效保障农产品质量安全和农业环境特别是产地环境的安全,促进农业农村生产、生活、生态"三位一体"协同发展。联合体内新型农业经营主体,就是推动农业生产方式绿色化,重点是推进"一控两减三基本",大力实施种养复合循环利用生产方式。

八、联合体有明显的社会效益

联合体社会效益主要体现在为农户生产经营管理提供实质性支持,积极提供就业机会和岗位,切实提高农民收入,以及提高农民素质等方面。

在联合体内,家庭农场及专业大户负责流转土地,土地流转价格由市场定价,在租金结算方式上,采取货币直接结算或者实物计租货币结算的方式,实现土地的适度规模经营。现代农业产业化联合体内部的资金结算实行内部资金结算方式,龙头企业以优惠价向家庭农场和专业大户提供农业生产资料,以高于市场价收购农产品;在向家庭农场及专业大户提供农业生产资料的过程中,龙头企业可以先垫付资金,待收购农产品时扣除,或者为农户的生产性贷款提供担保,解决了农户资金不足的问题。此外,农户可以采取租赁、入股、代管、托管等形式流转土地,获得财产收入,另外可以参与田间管理,获取工资性收入。现代农业产业化联合体与农业科研院所及高等院校建立密切合作关系,委托农业专家定期到联合体进行技术指导,并建立实训、研发基地,积极培育新型职业农民和提高农民素质,为现代农业产业化联合体发展提供技术支撑。省级示范联合体社会效益要求达到带动农户高于本县(市、区)同行业传统农户收入 10%以上。带动新型职业农民认证比例和农村耕地规模化经营比例逐年递增,"三品"认证个数和面积逐年增加。

第二节　现代农业产业化联合体分类具体标准

根据联合体发展态势及所处行业类别,可将联合体分为粮油业产业化联合体、畜牧业产业化联合体、果蔬业产业化联合体和水产业产业化联合体。为规范对各级各类现代农业产业化联合体的管理,有针对性地扶持联合体的发展,本节尝试分行业提出联合体分类的具体标准。

一、粮油业产业化联合体的具体分类标准

粮油业产业化联合体以种植业龙头企业为核心,种植大户及家庭农场为基础,农机、植保、种子等专业合作社为纽带,生产经营活动主要涵盖种子、农药、肥料等农业生产资料的统一采购、标准化种植、农产品加工、品牌农产品销售及流通等种植业生产经营的各个环节。种植业龙头企业、专业合作社、家庭农场(种植大户)三大农业经营主体通过签订规范的契约合同,以企业化管理理念为指导,以合同形式约束各农业经营主体行为,明晰各方的责任、义务,

推动专业分工,对生产经营的各环节进行精细化管理和标准化控制,形成相互依存、相互融合、相互监督、互相制约的利益共同体。

粮油业产业化联合体根据层次的不同可分为省级及以上、地市级、县(市)级三类,其中,省级及以上粮油业产业化联合体至少由1个省级农业产业化龙头企业、4个专业合作社(至少有1个省级以上农民专业合作社)、25个家庭农场及专业大户(至少有5个经过注册的家庭农场)构成。地市级粮油业产业化联合体至少由1个市级农业产业化龙头企业、2个专业合作社、15个家庭农场及专业大户(至少有3个经过注册的家庭农场)构成。县(市)级粮油业产业化联合体至少由1个农业产业化龙头企业、1个专业合作社、5个家庭农场及专业大户构成。各级粮油业产业化联合体应分别在经营规模、技术水平、基础条件、综合效益四个方面达到一定的审核标准才能得到相应认定(见表5-1)。

表5-1 粮油业产业化联合体分类标准

类别	名 称	单位	标 准		
			省级及以上	地市级	县(市)级
一、经营规模	1. 龙头企业总资产	万元	7000	4000	1500
	2. 龙头企业固定资产	万元	3000	2000	500
	3. 龙头企业年产值	万元	10000	5000	2000
	4. 土地流转面积	万亩	2	1	0.5
	5. 带动农户(签订规范契约)	户	5000	2000	1000
二、技术水平	6. 专家人数(副高级以上职称)	人	4	2	1
	7. 专业技术人员数量	人	35	20	10
	8. 大型农业机械设备	台(套)	60	30	20
	9. 耕种收综合机械化水平	%	95	90	85
三、基础条件	10. 仓储容量	万吨	2	1	0.5
	11. 烘干设备	台	10	5	2
	12. 有效灌溉面积	万亩	2	0.8	0.4

类别	名　称	单位	标　准		
			省级及以上	地市级	县(市)级
四、综合效益	13. 联合体内农户收入高于本县(市、区)普通农户收入	%	30	20	10
	14. 农产品质量安全达标率	%	100	100	100
	15. "三品一标"认证个数	个	5	2	1
	16. 认证职业农民比例	%	15	10	5
	17. 化肥农药利用率	%	42	41	40
	18. 农田灌溉水有效利用系数	—	0.65	0.60	0.55

1. 经营规模

龙头企业作为粮油业产业化联合体的核心,其总体规模直接决定了联合体的竞争实力以及未来的发展方向,因此必须具备较强的经济实力和规模。省级及以上粮油业产业化联合体内的龙头企业总资产应在 7000 万元以上,其中固定资产在 3000 万元以上,龙头企业年产值在 10000 万元以上;地市级和县(市)级粮油业产业化联合体内的龙头企业总资产应分别达到 4000 万元和 1500 万元,其中固定资产分别达到 2000 万元和 500 万元,龙头企业年产值分别达到 5000 万元和 2000 万元。各级粮油业产业化联合体的土地流转面积分别达到 2 万亩、1 万亩和 0.5 万亩。在基地和农户带动方面,通过和家庭农场及种植大户建立稳定可靠的利益联结机制,利用种植基地规模示范效应,各级粮油业产业化联合体带动农户的数量应分别达到 5000 户、2000 户和 1000 户以上。

2. 技术水平

各级粮油业产业化联合体应与农业科研院所及高等院校建立密切合作关系,委托农业专家定期到联合体进行技术指导,为联合体发展提供技术支撑,其中,省级及以上粮油业产业化联合体应配备4位专家和35位专业技术人员,地市级和县(市)级粮油业产业化联合体应分别配备2位和1位专家,20位和10位技术人员,确保每个种植业联合体有1个专家组,每个合作社有1名专家,每个家庭农场有1名专业技术人员参与全程跟踪服务。各级粮油业产业化联合体应分别配备大型农业机械设备60台、30台和20台,确保耕种收综合机械化率达到95%、90%和85%,基本实现全程标准化、机械化种植。同时,各级粮油业产业化联合体还应保证生产过程中有详细记录,对种植过程进行科学管理,并按照国家标准、行业标准和地方标准要求从事农业生产。

3. 基础条件

各级粮油业产业化联合体根据不同地域的自然条件及农田现状,结合土地整治项目建设的标准、规范,因地制宜、切合实际地开展高标准基本农田建设,各级粮油业产业化联合体内的高标准基本农田面积分别达到2万亩、0.8万亩和0.4万亩,通过高标准基本农田建设,进一步提升土地效益。同时,各级粮油业产业化联合体应分别配备烘干设备10台、5台和2台,仓储容量分别达到2万吨、1万吨和0.5万吨。

4. 综合效益

与种植业各经营主体单独经营相比,联合体这个有机系统必须充分发挥整体的规模优势,实现增值和利益共赢、提高农业综合生产能力,并与生态环境协调发展。经济效益方面,各级粮油业产业化联合体的农业生产总成本与成立前相比分别减少20%、10%和5%以上,通过采取订单、入股分红、利润返还等方式,与农户形成紧密型经济利益共同体,带动农户收入高于本县(市、区)农户收入分别达到40%、30%和20%以上。社会效益方面,通过开展农产品全程标准化生产,建立农产品质量安全全程控制和可追溯制度,健全投入品登记使用管理制度和生产操作规程,确保各级粮油业产业化联合体生产加工的农产品质量达到 100% 安全,各级粮油业产业化联合体的"三品一标"认证个数分别达到 5 个、2 个和1 个以上。生态效益方面,各级粮油业产业化联合体的化肥农药利用率分别达到 42%、41% 和 40%,农田灌溉用水系数分别达到0.65、0.60 和 0.55 以上。

二、畜牧业产业化联合体的具体分类标准

畜牧业产业化联合体以畜禽产业化龙头企业为核心,畜禽养殖大户和家庭农场为基础,专业合作社为纽带,生产经营活动主要涵盖饲料和饲料添加剂、种畜禽、兽药等农业生产资料的统一采购、杂交育种、生态养殖、屠宰、畜禽产品深加工、销售及冷链物流等畜牧业生产经营的各个环节。畜禽产业化龙头企业、专业合作社、畜禽养殖大户和家庭农场三大经营主体通过签订规范的契约合同,明确各方权利和义务关系,实现合理分工。其中,龙头企业是畜牧业产业化联合体的核心,统一制定生产规划和标准,主攻品牌市场,承担畜禽产品深加工和销售任务;农民专业合作社是纽带,协助企业供应生产资料和回收产品,为养殖户提供全程技术指导和服务,并对养殖过程进行监督;养殖大户和家庭农场是基础,按照龙头企业制定的标准从事标准化生态养殖,提供产品。

畜牧业产业化联合体根据层次的不同可分为省级及以上、地市级、县(市)三类,其中,省级及以上畜牧业产业化联合体至少由1 个省级畜禽产业化龙头企业、3 个专业合作社(至少有 1 个省级

以上畜禽养殖专业合作社)、15个家庭农场及养殖大户(至少有5个经过注册的家庭农场)构成。地市级畜牧业产业化联合体至少由1个市级畜禽产业化龙头企业、2个专业合作社、10个家庭农场及养殖大户(至少有3个经过注册的家庭农场)构成。县(市)级畜牧业产业化联合体至少由1个畜禽产业化龙头企业、1个专业合作社、5个家庭农场及养殖大户(至少有3个经过注册的家庭农场)构成。各级畜牧业产业化联合体应分别在经营规模、技术水平、基础条件、综合效益四个方面达到一定的审核标准才能得到相应认定(见表5-2)。

表5-2　畜牧业产业化联合体分类标准

类别	名　称	单位	标　准		
			省级	地市级	县(市)级
一、经营规模	1. 龙头企业总资产	万元	7000	4000	1500
	2. 龙头企业固定资产	万元	3000	2000	500
	3. 龙头企业年产值	万元	10000	5000	2000
	4. 带动养殖户(签订规范契约)	户	1000	500	300
二、技术水平	5. 专家人数(副高级以上职称)	人	4	2	1
	6. 专业技术人员数量	人	20	10	5
	7. 规模养殖比例	%	80	75	70
	8. 畜禽良种覆盖率	%	97	95	90
三、基础条件	9. 畜产品冷藏冷冻库容量	吨	2000	1000	500
	10. 标准化养殖场(基地)	个	6	2	1
	11. 年屠宰和加工家禽	万只	300	50	20
	12. 年屠宰和加工家畜	万头	5	1	0.5
四、综合效益	13. 联合体内农户收入高于本县(市、区)普通农户收入	%	40	30	20
	14. 畜产品质量安全达标率	%	99	99	99
	15. "三品一标"认证个数	个	3	2	1
	16. 认证职业农民比例	%	15	10	5
	17. 粪污无害化处理率	%	85	80	70

1. 经营规模

在畜牧业产业化联合体总体经营规模的标准认定上,主要从龙头企业总体规模和带动养殖户数量两个方面进行界定。省级及以上畜牧业产业化联合体内的龙头企业总资产应在7000万元以上,其中固定资产在3000万元以上,龙头企业年产值在10000万元以上。地市级畜牧业产业化联合体内的龙头企业总资产应在4000万元以上,其中固定资产在2000万元以上,龙头企业年产值在5000万元以上。县(市)级畜牧业产业化联合体内的龙头企业总资产应在1500万元以上,其中固定资产在500万元以上,龙头企业年产值在2000亿元以上。在带动养殖户规模上,各级畜牧业产业化联合体带动农户的数量应分别达到1000户、500户和300户以上。

2. 技术水平

各级畜牧业产业化联合体应以现代化的养殖技术为依托,专家和专业技术人员提供全程技术指导,提高养殖过程中的技术水平,其中,省级及以上畜牧业产业化联合体应配备4位专家以及20位专业技术人员,地市级畜牧业产业化联合体应配备2位专家以及10位专业技术人员,县(市)级畜牧业产业化联合体应配备1位专家以及5位专业技术人员,定期由专家围绕畜禽养殖产业开展饲养管理、疾病防治等方面的面对面培训,并依托专业技术人员对农场主和养殖大户进行指导,针对养殖户提出的问题,组织专家讨论解决方案,并将方案下发到养殖户手中。各级畜牧业产业化联合体应大力发展规模饲养,引进国内外先进的畜牧机械,实现饲草生产、畜禽饲养、排泄物处理等全过程机械化,规模养殖比例应分别达到80%、75%和70%。

3.基础条件

各级畜牧业产业化联合体应用国际先进的冷链物流技术,从屠宰、分割加工、冷却成熟等环节低温处理起步,逐步向储藏、运输、批发和零售环节延伸,向着全程低温控制的方向快速发展,建设畜产品冷藏冷冻库容量分别达到2000吨、1000吨和500吨,重点制定和推广一批畜产品冷链物流操作规范和技术标准,建立全程"无断链"的肉类冷链物流体系。同时,应加强畜禽屠宰和加工能力,各级家禽类联合体年屠宰和加工家禽分别达到300万、50万和20万只,各级家畜类联合体年屠宰和加工家禽分别达到5万、1万和0.5万头,各级畜牧业产业化联合体采取以免疫预防为主的综合防治措施,引进新疫苗、新技术进行试验、示范和推广相结合,加强基础设施建设,使动物疫病防控整体水平显著提高,动物疫情保持稳定。

4.综合效益

各级畜牧业产业化联合体以专业合作社为纽带,把龙头企业和养殖大户紧紧连接起来,从事标准化规模养殖,要在经济效益、社会效益以及生态效益等方面符合一定的标准和条件,实现综合效益的有机统一。经济效益方面,各级畜牧业产业化联合体带动农户收入高于本县(市、区)农户收入分别达到40%、30%和20%以上。社会效益方面,各级畜牧业产业化联合体的"三品一标"认证个数分别达到3个、2个和1个以上,畜禽产品品牌化建设工作扎实推进;龙头企业委托专家定期对农户开展技术培训,提高联合体内农户的专业化水平,各级畜牧业产业化联合体内的认证职业农民比例分别达到15%、10%和5%以上,畜产品质量安全达标率均达到99%。生态效益方面,各级畜牧业产业化联合体的养殖场内应设有对粪尿、污水、病死畜禽进行无害化处理的设施,且处理能力、有机负荷和处理效率与存栏规模相适应,实现清洁生产,粪污无害化处理率分别达到85%、80%和70%以上,呈现出环境友好型和可持续性,真正实现生态养殖。

三、果蔬业产业化联合体的具体分类标准

果蔬业产业化联合体是以龙头企业为核心、农户为基础、基地为依托、合作社为纽带的果蔬产业化经营模式,主要以果蔬种植、采摘加工、果蔬生鲜配送为一体的经营体系,将农业生产、深加工和终端连锁销售实现无缝链接。龙头企业通过订单收购、建立风险基金、返还利润、参股入股等多种形式与专业合作社、果蔬种植户结成稳定的产销关系和紧密的利益联结机制,引导专业合作社和家庭农场积极培育果蔬生产基地,不断强化统一品种、统一投入品供应、统一技术标准、统一检测、统一标识、统一销售,果蔬产销对接,形成"龙头企业+合作社(协会)+农户(家庭农场、专业大户)"的产业化经营格局,果蔬产业链各环节共同发展的格局,通过冷链物流体系建设建立果蔬配送专卖体系,实现果蔬产品的生产订单化、管理科学化、营销网络化、技术标准化、产品品牌化。

果蔬业产业化联合体根据层次的不同可分为省级及以上、地市级、县(市)三类,其中,省级果蔬业产业化联合体至少由1个省级农业产业化龙头企业、5个专业合作社(至少有1个省级以上农民专业合作社)、30个家庭农场及专业大户(至少有15个经过注册的家庭农场)构成。地市级果蔬业产业化联合体至少由1个市级农业产业化龙头企业、3个专业合作社、20个家庭农场及专业大户(至少有10个经过注册的家庭农场)构成。县(市)级果蔬业产

业化联合体至少由 1 个农业产业化龙头企业、1 个专业合作社、10 个家庭农场及专业大户构成。各级果蔬业产业化联合体应分别在经营规模、技术水平、综合效益三个方面达到一定的审核标准才能得到相应认定（见表 5-3）。

表 5-3　果蔬业产业化联合体分类标准

类别	名　称	单位	标　准		
			省级及以上	地市级	县（市）级
一、 经营 规模	1. 龙头企业总资产	万元	2000	1000	400
	2. 龙头企业固定资产	万元	1000	500	200
	3. 龙头企业年产值	万元	5000	2000	1000
	4. 土地流转面积	亩	3000	1500	800
	5. 带动农户	户	1000	500	200
二、 技术 水平	6. 专家人数（副高级以上职称）	人	3	2	1
	7. 专业技术人员数量	人	35	20	10
	8. 其中蔬菜设施种植面积比率	%	50	40	35
	9. 机械化率	%	50	45	40
三、 综合 效益	10. 联合体内农户收入高于本县（市、区）农户收入	%	40	30	20
	11. 果蔬产品质量安全达标率	%	98	98	98
	12. "三品一标"认证个数	个	5	3	1
	13. 职业农民比例	%	25	20	15
	14. 有机肥使用率	%	60	50	40
	15. 注册商标	个	1	1	1

1. 经营规模

在果蔬业产业化联合体总体经营规模水平认定上，省级及以上联合体内的龙头企业具有完善的蔬菜瓜果生产加工产业链，带动能力较强，总资产达到 2000 万元，龙头企业年产值达到 5000 万元；地市级和县（市）级联合体内的龙头企业具有一定的深加工能力，在区域内具有较大市场规模，总资产分别达到 1000 万元和

400 万元,龙头企业年产值分别达到 2000 万元和 1000 万元。各级果蔬业产业化联合体分别带动农户 1000 户、500 户和 200 户以上,流转土地面积分别达到 3000 亩、1500 亩和 800 亩以上。

2. 技术水平

技术人才上,配备较为齐全的专家和技术人员,各级果蔬业产业化联合体内的专家人数分别达到 3 位、2 位和 1 位,专业技术人员分别达到 35 位、20 位和 10 位,联合体对果蔬生产加工环节进行精细化管理,基本实现机械化生产经营。各级果蔬业产业化联合体还应建立果蔬产品质量安全检测体系和质量可追溯体系,其中,省级及以上果蔬业产业化联合体还应把物联网技术应用到果蔬生产经营的各个环节,实现果蔬种植全程数字化、科学化、精细化和优质高产化。联合体还应大力发展设施种植,各级果蔬业产业化联合体中蔬菜设施种植面积比例分别达到 50%、40% 和 35%。

3. 综合效益

果蔬业产业化联合体能够有效增加农民就业机会,提高农民收入,其中:省级及以上果蔬业产业化联合体能够带动家庭成员人均收入高于本县(市、区)农民人均纯收入 100% 和 60% 以上,蔬菜瓜果平均单产增长大于 15% 和 10%;地市级和县(市)级联合体能够带动成员人均收入高于本县(市、区)农民人均纯收入 30% 和 20% 以上。果蔬业产业化联合体具有较强的果蔬产品质量安全监测能力和新特优产品研发能力,建立果蔬产品研发体系和果蔬产品质量安全责任追溯体系,加强对果蔬产地环境、投入品、果蔬加工过程的技术投入和质量安全监控,有效提高农产品的质量安全水平,各级果蔬业产业化联合体的果蔬产品质量安全达标率均达到 98%。各级果蔬业产业化联合体通过示范创建果蔬产品品牌,

"三品一标"认证个数分别达到 5 个、3 个和 1 个以上。在生态效益方面,联合体采用绿色、优质和有机农产品生产技术标准进行生产,各级果蔬业产业化联合体的有机肥使用率分别达到 60%、50% 和 40%以上。

四、水产业产业化联合体的具体分类标准

水产业产业化联合体紧紧围绕生产、加工、销售三大关键环节,建立养殖基地、良种繁育、鱼饲料生产、水质监控、加工销售、专业市场和社会化服务等产业体系。水产业产业化联合体通过产业链接、要素链接和利益链接,形成一体化的经营模式:合作社和家庭农场统一建设标准化示范养殖基地,实现标准化养殖,提高水产产出水平;龙头企业和合作社合作统一开发、引进和推广水产新品种、新养殖技术和新加工工艺,推进品种改良,提高工作效率;通过建立成员培训制度,合作社统一为养殖成员提供技术、市场信息服务和技术培训;合作社联系龙头企业,统一为农户提供鱼类种苗、鱼饲料、养殖设备和水体净化设备等生产物资;龙头企业统一加工销售鱼类产品,统一注册商标,提高产品知名度,进一步开拓市场,提升联合体整体经济效益。一体化产业模式使得养殖的各个环节置于可控状态,在水产品安全、疾病防控、健康养殖方式、资源利用和环境保护、渔业节能技术及标准化、规模化、集约化等方面具备较强竞争优势,逐步构建生态循环模式,实现可持续发展。

水产业产业化联合体根据层次的不同可分为省级及以上、地市级、县(市)级三类,其中,省级水产业产业化联合体至少由 1 个省级农业产业化龙头企业、2 个专业合作社(至少有 1 个省级以上农民专业合作社)、15 个家庭农场及专业大户(至少有 5 个经过注

册的家庭农场)构成。地市级水产业产业化联合体至少由 1 个市级农业产业化龙头企业、2 个专业合作社、10 个家庭农场及专业大户(至少有 3 个经过注册的家庭农场)构成。县(市)级水产业产业化联合体至少由 1 个农业产业化龙头企业、1 个专业合作社、5 个家庭农场及专业大户构成。各级水产业产业化联合体应分别在经营规模、技术水平、综合效益三个方面达到一定的审核标准才能得到相应认定(见表 5-4)。

表 5-4 水产业产业化联合体分类标准

类别	名　称	单位	标　准		
			省级及以上	市级	县(市)级
一、经营规模	1. 龙头企业总资产	万元	3000	1500	500
	2. 龙头企业固定资产	万元	600	300	100
	3. 龙头企业年产值	万元	6000	3000	1000
	4. 养殖面积	亩	6000	3000	1000
	5. 带动农户	户	1000	500	200
二、技术水平	6. 专家人数(副高级以上职称)	人	4	2	1
	7. 专业技术人员数量	人	20	10	5
	8. 生态健康养殖比重	%	80	75	70
三、综合效益	9. 联合体内农户收入高于本县(市、区)农户收入	%	30	20	15
	10. 水产品质量安全达标率	%	100	100	100
	11. "三品一标"认证个数	个	4	2	1
	12. 认证职业农民比例	%	15	10	5
	13. 养殖废水处理率	%	80	75	70

1. 经营规模

在水产业产业化联合体总体经营规模的标准认定上,主要对其龙头企业和养殖规模水平进行界定,其中省级联合体内的龙头企业按照定向培育、集约经营、规模生产的原则,通过独资、合资、合作以及订单采购等方式培育专用水产品建设基地,实现水产品供应基地化和专业化,丰富水产品养殖种类,总资产达到 3000 万元,龙头企业年产值超过 6000 万元;地市级联合体专业化、标准化、健康化生产体系基本形成,龙头企业总资产和年产值分别达到 1500 万元和 3000 万元;县(市)级联合体内的龙头企业总资产和年产值分别达到 500 万元和 1000 万元。各级水产业产业化联合体带动农户的数量应分别达到 1000 户、500 户和 200 户以上,养殖面积分别达到 6000 亩、3000 亩和 1000 亩,实现规模化标准养殖。

2. 技术水平

水产业产业化联合体应通过建立科技示范标准,将一批先进实用的养殖、捕捞和加工技术直接传输给渔户,加强渔业标准、质量监测、病害测报、质量安全监管等支撑体系建设,实施了水产品质量安全信息发布和质量追溯制度,以有效的监管保障水产品质量安全。省级及以上水产业联合体应分别具备专家 4 人以上,配备专业技术人员 20 人以上,使产、学、研密切结合,以加快科技成果转化,地市级和县(市)级应至少配备 2 位和 1 位专家,10 位和 5 位以上技术人员,保障联合体生产技术水平。在机械化水平上,水产养殖联合体基本实现网箱化规模养殖,完善渔业器械配备,提高生产经营效率,在水产品加工等重要领域实现机械化生产,各级水产业产业化联合体标准化健康养殖比率分别达到 80%、75% 和 70% 以上,水产品加工率分别达到 50%、45% 和 40% 以上。

3. 综合效益

水产业产业化联合体对区内农业生产具有较强的带动和示范效应,辐射带动周边现代农业发展,经济效益上,省级及以上联合体能够带动家庭成员人均收入高于本县(市、区)农民人均纯收入30%以上,人均收入年均增幅在10%以上,市、县(市)级产业化联合体能够带动成员人均收入高于本县(市、区)农民人均纯收入20%和15%以上,人均收入平均年增幅达到5%以上。联合体依托名特优水产品品牌开拓市场,积累扩大再生产的资金和技术,带动与此类产品相关的加工、营销业的发展,省级联合体应达到4个以上,地市级和县(市)级应分别达到2个和1个。在生态效益上,联合体经营能够有效改善水域环境,保护渔业资源的生存和繁衍,促进水产养殖业的可持续发展。

本节在参考国家、安徽省关于农业龙头企业、专业合作社的评选标准基础上,结合当前现代农业产业化联合体建设情况,分析提出现代农业产业化联合体分类的一般标准和具体标准。一般标准指所有现代农业产业化联合体必须满足的条件,主要包括组织完整性、契约化联合、"三个链接"和品牌化建设。组织完整性指的是现代农业产业化联合体应该由龙头企业、专业合作社(社会化服务组织)、家庭农场(专业大户)和传统农户组成;契约化联合是体现现代农业产业化联合体组织紧密性和运营规范性的主要特征,是区分联合体和其他农业经营组织差异的重要标准之一,主要是指现代农业产业化联合体内的龙头企业、专业合作社、家庭农场及专业大户为了取得规模效应,通过签订规范的契约合同而结成的一种契约关系联盟;"三个链接"是现代农业产业化联合体区别于传统农业经营组织的一个显著特征,联合体内的龙头企业、专业合作社和家庭农场(专业大户)通过签订生产服务合同、协议,确立各方的责权关系,促进要素链接、产业链接和利益链接,在经营主体明确分工的基础上,通过生产效益的合理有序分配,形成了联合体内部各经营主体的盈利模式,使联合体内各经营主体形成紧密的利益共同体;品牌化建设是增强农产品市场竞争力的主要手段,是现代农业产业化联合体的主要特征之一,解决了发展品牌过程中必须的资金和动力问题。而具体标准指的是各种类型和各种级别的现代农业产业化联合体在具备一般标准的条件基础上还应具备的条件。本章着重分析提出粮油业产业化联合体、畜牧业产业化联合体、林业产业化联合体、果蔬业产业化联合体和水产业产业化联合体五大类行业不同级别联合体在经营规模、技术水平、基础条件、综合效益四个方面达到一定的审核标准。

第六章 安徽省粮食产业化 龙头企业实证研究

近年来,安徽省围绕农业经营体制机制创新,大力培育新型经营主体,努力构建适应现代农业发展的新型农业经营体系,"龙头企业+农户""龙头企业+基地+农户""龙头企业+中介组织+农户""龙头企业+专业合作社+家庭农场(专业大户)+传统农户"等多种类型的联合体发展迅猛。安徽双福粮油工贸集团有限公司(以下简称"双福集团")联合一批农民专业合作社、家庭农场、种粮大户,在庐城镇新桥村建立了12000亩的生产基地,形成了"龙头企业+专业合作社+家庭农场(专业大户)+传统农户"的联合体,是安徽省农业产业化联合体发展的代表。本章根据2014年7月对双福集团的实际调研,阐述双福集团的发展历程、联合体构建模式与管理,分析联合体形成机制,并分析计算验证实践范式标准。

第一节 双福集团发展历程

双福集团成立于2003年11月,是一家民营农产品加工企业,专业生产小麦粉、挂面和压榨菜籽油,注册资本3368万元。截至2013年底,公司拥有总资产3.21亿元(其中固定资产1.46亿元),粮油加工转化能力30万吨,粮油仓储能力10万吨(其中油脂2.2万吨),年产值10亿元,是安徽省农业产业化龙头企业、安徽省粮食产业化龙头企业和安徽省100强重点粮油企业。公司"圣运"牌系列产品先后有2个产品通过无公害农产品标志认定、12个产品通过绿色食品标志认定,并通过ISO9001质量管理体系认证和危害分析与关键控制点(HACCP)体系认证;"圣运"牌小麦粉、挂面先后获得安徽名牌产品、安徽名牌农产品、安徽省著名商标和中国"驰名商标"称号,产品远销全国16个省市,深受用户好评。2013年,仅在上海市面粉、面条销售量即达2万余吨,销售额近亿元。

10多年来,双福集团先后与农户、大户、协会、合作社等建立了多种形式的联合。面粉厂发展期间,为了获得稳定的小麦原料供应,建立了企业与农户之间的产销联合,主要集中于盛桥、石山、白山、顺港等乡镇,每年订单面积约2万亩。2005年,双福集团通过粮油种植协会与协会会员取得了联合,建立了一批基地,实行优质优价。每年油菜籽基地面积达4万—5万亩,小麦基地面积3万—5万亩。2010年前后,随着《中华人民共和国农民专业合作社法》出台施行,公司与万山粮油种植合作社、盛桥双福粮油合作社等联合,发展粮油基地面积11.3万亩,年收购小麦、油菜籽3.3万吨。近年来,双福集团与时俱进,以企业自身为依托,联合双福粮油专业合作社等服务组织,在庐城镇新桥村建立12000亩的生产基地,发展优质粮10000亩、苗木经果林2000亩。公司采取集中流转土地后,在不增加田地租金的情况下,分包给13个家庭农场和17个种粮大户,形成了密切联系、相互融合的紧密型联合体。

双福集团主导的联合体的形成也不是一蹴而就、一朝一夕的,而是公司在长期生产过程中逐步发展建立起来的,大致分四个阶段。

第一阶段,自发市场初始发展阶段(2001年之前)。双福集团前身为安徽省庐江县双福面粉面条有限公司,位于庐江县盛桥镇,当时仅是一家纯粹从事粮食收购、加工的企业,加工产品主要供应本地及周边市场,期间也完成了初始资本的积累,为下一步发展打下了基础。但在收购过程中,公司发现农户零散交售的原粮品种杂、品质差,导致产品品质徘徊不前,销路难以打开。

第二阶段,品牌加订单产业化发展阶段(2002年至2012年10月)。针对原料收购和产品销路问题,双福集团转变思路,以订单为基础,通过品牌创建,着力推进"公司+订单基地+农户"的产业化经营。2002年,公司在盛桥镇建设了500公顷的无公害农产品订单生产基地。2003年,"圣运"牌面粉、面条双双通过安徽省无公害农产品认定;2004年,通过农业部的考核认定。2006年,公司相继引入绿色食品系列标准,并积极开展以绿标为核心的农业标准化示范区建设,将原有的500公顷无公害农产品订单基地扩展为4000公顷的绿色食品原料基地和5300公顷的农业标准化示范基地。2007年,双福集团有3个产品通过绿色食品A级产品认定;2010年,双福集团有12个产品通过绿色食品A级产品认定;2009和2013年,双福集团领创办的红小麦标准化示范区分别通过原巢湖市级和安徽省级农业标准化示范区项目的考核验收。这一阶段,双福集团通过转型发展,有了自身的品牌和稳固的销售渠道,也逐渐发展壮大,形成集团公司。但由于这种经营模式是建立在一家一户生产的基础上,且受市场影响,没有形成紧密的合作关系,存在推行成本高、效果不佳、难以控制、管理不便等诸多不利因素。

第三阶段,企业直办基地发展阶段(2012年11月至2013年5月)。为解决订单生产中出现的问题,2012年,双福集团在庐城镇新桥村通过土地流转和土地整理的方式,集中流转承包1.2万亩土地,计划建设高效优质粮基地及种子生产示范区,并采取公司直接管理生产、收购、加工和销售等全过程的方法,拟形成"产、园、企"一体化经营模式。当年土地交付后,双福集团组织了大型耕种设备,统一种植小麦,但由于面积过大,管理不到位,造成小麦减产。虽然优质粮源得到保证,但公司却得不偿失。经多方研讨,主要原因是公司直接组织生产弊端较多,决策层不了解生产层面,导致制定的措施不符合生产实际,生产层受制于决策层,积极性和主动性没能得到有效发挥,最终搞成了大锅饭模式。

第四阶段,联合体发展阶段(2013年6月至2014年12月)。在县镇政府和农业部门的建议下,公司吸取教训,转变发展思路,以公司控股,采取"龙头企业+社会化服务组织(合作社)+家庭农场(或种粮大户)"的紧密型联合经营模式,通过龙头企业订单收购、社会化服务组织统一服务、家庭农场(或种粮大户)专心经营,既解决了龙头企业收购优质粮源的问题,又解决了家庭农场(或种粮大户)在生产过程中因自身能力有限出现的阶段性农机具、劳力和生产资金不足的问题,同时也壮大了社会化服务组织,提升了服务组织能力和水平。这一阶段,虽然还处于发展初期,但呈现出来的却是不一样的发展活力和广阔的发展空间。

第二节　联合体构建模式与管理

一、联合体整体架构

在生产经营过程中实现各个环节的精细化管理和成本控制,

并充分发挥各方面的主观能动性,是发挥联合体优势的根本所在。因此,联合体成立后,既要考虑如何有效组织农业生产,充分发挥农田的经济效益,又要考虑"龙头企业+专业合作社+家庭农场(或种粮大户)+传统农户"四者之间自身发展和利益分配,但究竟如何来操作,借鉴公司创办小麦农业标准化示范区的经验,首先,建立一支现代职业农民队伍,也就是通过农田招标承包形式引进家庭农场或种粮大户来实行适度规模经营。其次,建立一支管理和服务的力量,来实施龙头企业的决策和部署。经过长期的实践探索,目前已经形成了较为完整的架构体系,对联合体内部各经营主体进行准确定位、明确分工、共享利益、协同发展,各经营主体在各环节上各负其责,共同做大优质粮食产业,进而实现共赢。

1. 龙头企业的功能定位和职责

大力发挥龙头企业享有充分市场信息的优势,制定合理生产、加工、销售计划,统筹联合体全面发展工作,以保障工作为重点。企业不直接参与具体生产环节,企业对社会化服务组织和家庭农场的管理模式采用"只管人不管事,只管收不管种"的形式。主要履行以下职责:一是负责制定基地总体发展规划;二是负责指导基地农田基础设施建设;三是负责开展绩效评价,奖勤罚懒,采用竞标的方式,淘汰生产、服务方式落后、生产效率低下的社会化服务组织和家庭农场(或种粮大户),以促进基地生产水平的不断提高;四是负责基地农产品的收购、加工、销售和营销,不断增强企业实力;五是负责吸纳土地出让方的富余劳力进企务工,保障出让农户充分就业。

2. 家庭农场(或种粮大户)的功能定位和职责

对龙头企业负责,接受社会化服务组织指导,在经营范围内,落实龙头企业的粮油标准化生产技术,重点维持农田的日常经营管理,最终按照龙头企业质量和产量标准出售产出的农产品。主要履行以下职责:一是严格执行双福集团制订的基地发展规划、生产计划,生产出符合公司要求的粮油产品原料;二是负责按标准化生产要求组织农业生产,确保所生产出的农产品原料质量安全等符合企业要求;三是负责按期缴纳农田承包费和服务费。

3. 专业合作社的功能定位和履行职责

对双福集团和家庭农场(种植大户)负责,统一农资供应,统一机械化育插秧、植保、机耕机收等,统一收购农产品,实行自负盈亏。主要履行以下职责:一是履行合同约定,为家庭农场(或种粮大户)提供社会化服务,接受双福集团监管;二是根据双福集团粮油产品加工需求,规范提供从种到收的各项社会化服务;三是吸纳流转出让农户,不断创新服务方式,提高服务能力和水平,在服务中谋求生存和发展。

4. 传统农户的功能定位

传统农户本着自愿和公平的原则,将自己的承包地以一定的价格流转给家庭农场或种粮大户,获得稳定的租赁收入。另外,农户还可以受雇参与家庭农场或种粮大户的生产经营,获得可观的劳务收入。

二、联合体运行管理

建立良好的运行管理制度是联合体发展的基础,也是联合体可持续发展的关键。为此,联合体坚持以企业化管理理念为指导,以合同形式约束各单体行为,形成相互依存、相互融合的紧密联合。

1. 契约管理

以合同契约形式明确成员之间权利、义务和责任。为明晰龙头企业、专业合作社、家庭农场(种粮大户)和传统农户四者之间的关系和在联合体的权利与义务,龙头企业与家庭农场(种粮大户)签订订单收购合同;龙头企业与专业合作社组织签订目标责任书以及代管生产资金和农产品购销合同;专业合作社与家庭农场(种粮大户)签订农资统一供应合同和社会化服务协议。家庭农场(或种粮大户)与传统农户签订农田转包(租)合同。通过合同约束四方单体的各项行为,明晰各方的责任、义务,形成相互监督、互相制约的平衡关系。

2. 绩效评价

以绩效评价发挥成员在联合过程中的积极性和主动性。联合体形成的最终目标是实现多产粮、产好粮、销得掉、卖得好、共得利、同发展。因此,如何发挥各个成员的积极性和主动性显得尤为重要。鉴于合同契约的局限性,联合体摸索出了一套行之有效、各方认同的办法,即开展绩效评价,将各方利益与绩效挂钩,从而充分发挥联合体成员之间和成员内部人员的积极性和主动性。

在发挥龙头企业的核心作用方面,一是注重加工能力提升。双福集团是联合体的终端,肩负着将基地农产品加工转化,并进入市场的重要义务,因此加工能力是保障。为此,双福集团将提升企业加工能力放在第一位。2012年,针对四皮七心600型120吨/日面粉厂面粉无销路的状况,公司果断决定上马新线。2013年10月,双福集团总投资4000余万元的日加工800吨小麦的专用面粉厂建成投产。新线为安徽省单线规模最大,采用车骑式卸粮装置,实现散装原粮的快捷接收;采用色选和擦打刷技术,大限度清理杂质和病麦粒;采用瑞士布勒公司主机,有效保证了工艺效果;大量采用清粉机提纯渣心,使产品白度好、纯度高;采用半成品混配结合和面粉散存集中打包,确保成品质量稳定,降低工人劳动强度。新线投产后,因其过硬的内在品质,使产品源源不断地涌向上海、江苏、浙江、福建、广东、广西、海南、云南、广西、贵州、湖南、湖北、江西、河北、辽宁等地,用户普遍反映良好,供不应求。二是注重产品品牌创建。2012 年,双福集团已经拥有 1 个安徽名牌、1个著名商标、9 个绿色产品,但企业不满足于此,随着面粉新线的上马,生产规模的进一步扩大,集团领导层觉得企业品牌建设仍需要实现重大突破。为此,公司及时启动"圣运"商标申报工作,经过一年多时间的努力,公司"圣运"及图商标于 2013 年 12 月被国家商标评审委员会认定为"驰名商标",使公司产品跨入了国字号品牌行列。三是注重销售网络建设。牌子硬了,质量也上去了,不代表产品就有销路。为加强新线产品的营销工作,公司扩设了销售部门,并选派一名副总经理主抓新线产品的销售工作。由于措施得当、方法对头,新线自投产以来,产品始终保持供不应求的局面。四是注重加工技术联合研发。员工薪酬的逐年提高,加工成本的逐年上升,给企业效益指标带来了巨大的挑战。粮油产品两头的价格是相对稳定的,动弹不得,利润的主要来源除靠扩大生产、降低物耗、提高产品得率和原料利用率外,创新产品是一个重要的途径。2013 年,公司投资 250 余万元与合肥工业大学农产品加工研究院联合设立了"庐江研发中心",重点围绕庐江红小麦产业进行技术研发。目前,该中心已研发新产品 10 个,申请受理发明专利 10 项,为企业盈利增添了新的增长极。

在发挥家庭农场(种粮大户)的基础作用方面,在生产上,双福集团不直接参与生产环节,充分尊重家庭农场(或种粮大户)的经营自主权,但却对家庭农场(或种粮大户)开展绩效评价,通过三年一个周期的招标承包制,形成动态的淘汰机制,激发家庭农场(种粮大户)使用新品种、新技术发展粮油种植,不断提高单位农田的产出率和产品质量水平。

在发挥社会化服务组织的纽带作用方面,联合体的社会化服务是由双福粮油专业合作社担负的。作为龙头企业与家庭农场(种粮大户)联系的桥梁和纽带,合作社扮演着越来越重要的角色。为了确保农产品的品种和质量符合企业的要求,合作社分别设立了农技服务队、农机服务队和农资服务社,在基地全面实行"五统一",即统一种植品种、统一技术规程、统一农资采购、统一病虫防治、统一机收入库。操作两年来,效果较为显著,突出表现在以下几点:一是方便了家庭农场(种粮大户),为他们节约了物资采购的时间和精力;二是保证了基地农产品的质量安全,且有效杜绝了非基地产品的混入;三是采取统防统治,不仅有效减少了投入品用量,保护了生态环境,还大大提高了防治效果;四是统一了种植品种,为龙头企业的品牌策略创造了十分有利的条件;五是为土地流转出让农户创造了一定的就业岗位,有效增加了农民收入。

3. 利益分配

实现共赢才能促进联合体持续向好发展,联合成员之间在职责范围内均有自身的盈利点。其中,龙头企业主要从加工产品销售上获得盈利,家庭农场(专业大户)从提高产量、优质优价和节约成本方面获得盈利,专业合作社从批量采购降低农资价格赚取一定差价(以低于市场价格供应)以及开展服务收取合理费用和龙头企业返利方面获得盈利。另外,与联合体有关联的相关方,即基地从业者及土地流转出让农户,分别有工资收入和土地租金收入。

第三节　双福集团形成的机制分析

一、规模经济理论

加快农业现代化,发展规模经营可以把富余的劳动力转移到二、三产业,这样可以提高城市化的水平,加快新型城市化进程。通过推进农业规模化经营,社会化服务的统一供给,降低了农业生产流通成本,进一步提高了土地生产率和劳动生产率,实现资金盈利率最大化,最终提升区域内农业生产经营效率和农产品市场竞争力。

双福集团在成立农业联合体之前,没有实行规模经济发展,在激烈的市场竞争中往往处于劣势,公司没有得到快速发展。面对这一挑战,如何发挥本地潜在的资源优势、产品优势,如何实现农业增长方式的转变是公司决策者需要思考的问题。实现农业现代化、规模化经营是必由之路,整个公司在规模经营推进过程中,积极稳妥、顺势而为,不仅善于把住机遇,还在改革关键问题上有所作为。经过几年的实践与探索,双福集团找出了一条符合本企业实际发展规模经济的模式,从而带出了一批基地、企业群、集散地,最终形成了最活跃的经济增长点,使公司的经济格局发生了战略性的转变。

根据调研数据,以 2013 年生产粳稻为例,利用式(3.1)计算得出双福集团成立联合体之后平均每亩生产成本为 $B = 529$ 元,而全县普通农户平均每亩生产成本为 $A = 812.94$ 元(具体数据见表

6-1)。从表6-1中可以看出,双福集团以农业规模化为基础,推进农业现代化,不仅可以迅速提高农业的劳动生产率,提高农业的经营规模,还可以缩小城乡居民收入的差距,最终实现富民强企与粮食安全双赢。整体上说,双福集团整个农业的规模化推进还是比较好的,能够跟工业化、城镇化有机结合推进,取得了显著的效果。

表6-1 2013年每亩粳稻生产成本　　　　单位:元

费用类型	全县普通农户平均	联合体家庭农场
种子	36.47	30
肥料	87.21	119
农药	55.22	160
人工	442.48	80
机械耕作、排灌	191.56	140
小计	812.94	529

通过适度规模经济发展,双福集团生产基地逐年扩大,并实现了相对固定,由原来盛桥镇周边乡镇扩展到庐江县各地,确保了公司生产原料(小麦、油菜籽)稳定供给,为企业发展奠定了基础。2013年,公司各类原料基地面积发展到17万多亩,是2003年的8倍多,较5年前翻了一番(见表6-2)。

表6-2 双福粮油公司的小麦、油菜基地情况　　单位:亩

年份	小计	小麦基地面积	油菜基地面积
2003	21000	8000	13000
2004	39000	24000	15000

年份	小计	小麦基地面积	油菜基地面积
2005	57000	36000	21000
2006	73000	50000	23000
2007	84000	63000	21000
2008	101000	77000	24000
2009	138000	106000	32000
2010	133000	110000	23000
2011	143000	121000	22000
2012	160000	129000	31000
2013	170000	140000	30000

二、交易费用理论

从双福集团成立联合体之前来看,具有小规模性和分散性特征的农户在从事农业生产和销售过程中,一直处在极其低下的地位,农户的意愿经常被企业和政府忽视,而土地不能自由流转,农村劳动力不能完全流动也是农户农业经营规模受限的原因。另外,农户从事经济交易时需要签订合约,在此过程中会产生各种费用,这些高额费用使得交易无法完成。但在现实社会中,信息的获取并不是免费的,具有一定的成本,正是交易费用的存在,才会出现不同的制度安排,但在实际选择不同制度的安排中,费用包括组织费用、维护费用、规则费用等一系列的交易费用。

双福集团立足于大力发展现代农业产业化基础上,以企业、农民专业组织、农业大户为载体,积极推进资源在市场机制下的双向流动,使技术、人才、资金、信息、产品在各载体间相互流动,实现资源优化配置与有效利用。双福集团成立联合体后,通过在农产品上的不断创新、土地制度改革等方面的不断完善,激活了公司劳动力、资金、土地等生产要素,大幅度降低了公司的交易成本,提高了整个公司经济的运行效率。

根据式(3.2)和实际调研数据,计算出非社员的交易成本 TC^a = 213.5,而社员的交易成本 TC^b = 95.9,非社员的交易成本明显要大于社员的交易成本,因此,农户都愿意选择加入合作社,从而减少交易成本,获得更多的收入。因此,立足区域优势,推进现代农业产业化经营,培育农业主导产业,是发展现代农业的持续动力。

三、专业分工理论

在生产实践中,双福集团的劳动分工和专业化的增进是非常显著的,促进了公司的发展。专业化分工为企业的发展带来了很多影响,劳动分工使得每个劳动者较快地掌握生产技能,大大提高生产的熟练程度。由于公司采取劳动分工方法,促进了一部分人专门从事科学技术的研究和技术的开发和推广,从而促进了公司科学技术的发展。在分工的条件下,公司充分利用较少的生产资料,延长单位时间内使用生产资料的时间,从而提高了生产资料的使用效率,节约了资本。与此同时,公司的这种操作,使得专用的生产资料越来越多,专用性越来越强,从而进一步加大了资本的投入。

定性地说,分工水平越高,分工度越大;分工水平越低,分工度越小。从收入的角度来看,在某种程度上,劳动分工度越高,劳动生产率就越提高,经济增长速度就越快。专业分工提高了农户的交易效率,降低了交易费用,反而促进劳动生产进一步分工,最终促进双福集团的经济增长,其专业分工内在机制如图6-1。

图6-1 内在机制图

根据农户实际调研数据,利用式(3.5)在Eviews软件上计算,对双福集团每个农户数据进行回归,得到回归结果,见表6-3。

表6-3 最小二乘法回归结果

自变量	系数	标准误差	T检验
C	8.3264	0.0964	84.6256
X	1.8947	0.2053	8.5246
R^2	0.8174	F检验	70.43

由表6-3可知,标准误差小于相对应的系数估计值,模型拟合的结果可以被接受。可决系数 $R^2 = 0.8174$ 较高,说明回归方程与实际数据拟合程度较好。另外,统计F检验和T检验的数值也相当好。这说明劳动分工能大大提高劳动生产率,大大增加劳动者收入。因此,只有加快双福集团的农业专业化、商品化、社会化

的进程,才能够加快农业现代化的步伐,提高农业的比较利益,从而增加农民的收入。

四、利益博弈理论

在市场经济条件下,各农业经营主体的经济活动都是以实现自身利益最大化为目标的,只有建立一种公平合理的利益分配机制,并使整体和各成员均实现利益最大化,现代农业产业化联合体内各农业经营主体之间的联合才有可能实现,并保持稳定。联合体经营的目标,就是通过科学合理的利益机制,把龙头企业、专业合作社、专业大户(家庭农场)等农业经营主体的利益联结起来,形成"利益共享,风险共担"的利益共同体。联合体能否成功创建,各经营主体之间能否形成稳定的合作,从本质上看,都是联合体内各成员之间的利益博弈问题。

双福集团成立联合体之后,通过与专业合作社签订托管和农产品购销合同,与家庭农场和专业大户签订农田转包(租)合同和订单收购合同,获得了稳定的农产品供给,同时双福集团的生产基地也得到了进一步发展。伴随着生产基地的固定,双福集团深入推进标准化生产,实现病虫害防治等关键环节统一管理,有效提高了小麦、油菜籽原料产品质量,为粮油加工产品的质量安全提供保障。2013年,双福集团通过品牌产品销售,实现年收益105万元,基地出产优质原料10500吨,加工后每吨净收益达到100元(以12000亩统计),均较联合体成立之前有了大幅度提高。因此,双福集团从自身利益最大化出发,愿意创建联合体,并主动维护联合体的健康稳定发展。

专业大户(家庭农场)是否加入联合体,主要取决于其收益是否大于加入前的收益。在农户加入联合体的利益博弈矩阵中,在收购农产品时,双福集团出价一般高于市场价5%左右,或每百斤加价5—10元,仅这一环节,农户每亩小麦增收50—100元,油菜籽每亩可以增收45元左右,又由于规模经济效应的存在,有 $R_2 > R_1 > R_0$;在降低生产成本上,根据调研资料,2013年庐江县粳稻平均每亩生产成本为1037.72元,而双福联合体太银家庭农场的粳稻平均每亩生产成本仅为529元,$C_2 < C_1$。双福集团两位农户均加入联合体后的收益为 $R_2 - C_2$,大于 $R_1 - C_2$ 和 $R_0 - C_1$,显然在农户加入联合体的两人利益博弈模型中,存在(加入,加入)的纳什均衡,农户加入联合体是其最优选择。

双福粮油专业合作社在加入联合体之后,不仅可以通过批量采购农业生产资料并向农户出售赚取一定差价,又能通过开展农业生产服务收取合理费用,并能与双福集团分享农产品加工销售的超额利润,以12000亩统计,双福粮油专业合作社服务收益达到78万元,其中服务毛收益为378万元,服务成本为300万元,比加入联合体前有了大幅提高。

双福农业产业化联合体成立之后,每年上缴税收65万元,通过土地流转租金和劳务收入,带动农民户均增收2.8万元,保证了粮油食品的质量安全,推动了农业社会化服务水平,各类服务型合作社应运而生,不少国内知名种业集团、农资经营商纷纷来庐江建立育插(播种)、病虫害防治、机械化耕作等系列配套服务机构,其中为双福集团提供病虫害防治、机械化耕作的就有14个。农业产业化联合体诸多社会效益的显现促使地方政府开始重视并积极扶持联合体的发展。

第四节　双福集团发展的实践范式分析

一、内在聚合标准

1.要素流动

由于双福集团在不断发展过程中,各种要素资源都处在不断流动的状态,在土地流动方面,以庐城镇新桥村为例,随着双福集团产业化联合体的建立,该村 1578 户、3100 多劳动力被 13 个家庭农场和 17 个大户所代替,一部分外出务工者没有了农忙农闲的牵挂,可以专心在外;原来一直在家种田者一部分就地进入家庭农场或大户承包田里从事生产服务,领取工资;一部分进入城镇,走进工厂,当上产业工人。联合体建立后,新桥村 12000 亩田地只需劳动力 100 人左右,可节约释放劳动力 3000 余人。利用式(4.1)可计算出成立联合体前后的从业人员的人均耕地面积:成立之前的人均耕地面积 $s_1 = 3.87$ 亩,成立之后的人均耕地面积 $s_2 = 120$ 亩,整个土地资源都得到了合理流动。

在资金方面,整个双福集团进行合理的融资规划,通过创新投融资支持的方式,打破了发展瓶颈,加速资金循环和实现投资效率的提升。发展调度资金的注入不但缓解了企业融资难的问题,而且为企业技术改造升级、产业转型发展抢占市场份额发挥了重要作用,为进入资本市场谋求更大发展空间提供了范本。通过成立联合体,利用式(4.2)得到公司资金的融合率由原来的 23.5%上升到 65.1%,上升幅度高达 41.6%,有效地迸发了企业的活力,促进了县域经济快速发展。由于双福集团资金利用率高,稳定了企业生产基地,基地生产按照企业要求,基本上实行标准化生产,基本保持优良种植品种的统一,达到播种期、收割期的同一,为企业制定加工销售方案、提升产品质量奠定了坚实基础。例如,农户统一获得双福集团提供的优质麦种,收获统一面筋含量的面粉,从而保证集团面粉面条的质量。

在人才方面,双福集团一直认为高端人才是经济发展的"风向标"。引进一个人才,就能带来一个团队,引领一个新型学科,培育一个新的经济增长点。面对国内外经济不景气,大量人才缺少施展平台的情况,双福集团抢抓历史机遇,大力引进领军型、紧缺型、高层次创新创业人才。另外,双福集团进一步优化企业环境,加快集聚科技人才,有效缓解制约企业发展的人才短缺问题,更好地发挥高层次人才在经济建设中的作用。近几年,双福集团已经吸引 200 名以上高层次人才来公司,使人才资源配置高端化、高匹配。根据式(4.3)可以计算出农业劳动者受教育程度 $e=62.3\%$,说明公司有 62.3%的员工受过高等教育。通过引进高端人才,公司的品牌创建也有所提高,到目前为止,集团获得无公害、绿色食品认证的产品达到 14 个。"圣运"牌小麦粉、挂面从安徽省名牌农产品到安徽省名牌产品,到安徽省著名商标,到中国驰名商标,在不到 10 年时间里实现了四级跳。

在信息方面,主要体现在各农业经营主体的社会化服务水平上。公司与农户(家庭农场)联合或者公司与协会和农户联合都存在着一些问题,就是从产到销的中间环节断档。由于近年来,庐江县土地流转发展较快,大户、家庭农场的生产规模均有较大扩展,自身已很难满足生产需求,如病虫害防治、机械化耕作等环节都需要有人提供这样的服务,因此,社会化服务组织得到必然发展,各类服务型合作社应运而生,不少国内知名种业集团、农资经营商也看到商机,纷纷来庐江建立育插(播种)、病虫害防治、机械化耕作等系列配套服务机构。目前,庐江全县已发展各类社会化服务组织 57 个。其中,为双福集团提供病虫害防治、机械化耕作的就有 14 个。根据公式(4.4)计算出现代农业产业化联合体的农业社会化服务水平 $I = 9.6\%$,农业社会化服务人员占区域总从业人数的 9.6%,从一定程度上推动了农业社会化服务发展。

2. 产业链接

双福集团最近几年通过整合资源和产业链,发挥集团的品牌优势和调动能力,进一步提高经营水平,加快新特产品研发,打造知名品牌,增强抗风险能力,发挥区域品牌优势和产业集聚效应,形成规模效益,大大降低生产成本,促进产业链经营主体互惠共赢,推动联合体产业链整体发展。

根据实际调研数据,利用式(4.5)我们计算出双福集团 2004—2014 年的第一产业影响力系数变化,通过影响力系数来分析第一产业影响力的变化,如图 6-2 所示。

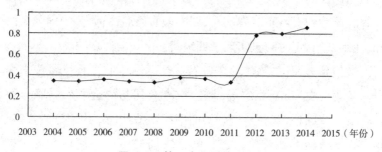

图6-2　第一产业影响力系数

如图 6-2 所示,2004—2014 年期间双福集团的第一产业影响力系数总体上可以分为两个阶段:第一个阶段为2004—2011年,影响力系数基本保持不变,维持在0.34左右;第二阶段为2012—2014年,影响力系数呈上升趋势,大于0.78。这说明,在公司成立产业化联合体之后,第一产业对国民经济其他产业部门的拉动作用显著增强,但两个阶段的影响力系数$q_i < 1$,说明第一产业对其他产业的推动力度还不够,有待加强。

3.利益共赢

双福集团按照"自愿结合、产品相近、利益共享、风险共担"的原则,抓住有利时机,引导各主体组成"联合体",以强带弱,各主体之间互惠互利,优势互补,通过联手、联合,大力推进科技创新、节能降耗、结构调整,走上了良性发展的轨道,努力实现共同发展、互利双赢(见表6-4)。

表6-4 联合体各方利益分配简表(以12000亩计)单位:万元

相关方	利益来源	年收益	备 注
双福集团	品牌产品销售	105.0	基地出产优质原料10500吨,加工后每吨净收益100元
家庭农场(或种粮大户)	种粮收益	768.0	种粮户每亩净收益640元
双福粮油专业合作社	服务收益	78.0	服务毛收益378万元,服务成本300万元,包括工资和农机费
基地从业者	工资收益	100.0	基地从业人员50人,每人年收入2万元
土地流转出让农户	流转费	600.0	前7年每亩500元,后6年每亩422斤稻谷折价
	打工收益	7890.0	平均每户有2.5人外出打工,每人平均年收入2万元

相关方	利益来源	年收益	备 注
政府	农民户均增收	2.8	联合体成立前户均收入为3.0万元,成立后户均收入为5.8万元
	税收	65.0	龙头企业上缴税收

由表6-4可以看出,各主体在参加农业联合体之后的收益有了大幅度增长。以农户为例,通过参与联合体经营,企业在生产季节前通过合作组织间接或直接与农户签订生产协议或订单收购合同。

由于基地内使用统一品种,实行统一管理使得粮油原料品质比较一致,公司在收购时一般比普通市场高5%左右,或每百斤加价5—10元。仅此一项,基地农户每亩小麦一般可以增加收入50—100元,油菜籽一般每亩可以增加收入45元左右。按照现在双福集团年订单面积,每年可促进基地农户增收900万—1500万元,促进户均增收6000—10000元。公司在新桥村建立的联合体,使得流转出让农户土地租金每亩600元左右,户均每年土地承包租金有4500元左右的固定收入;土地流转出让农户就地在家庭农场(种粮大户)里从事雇工或外出务工,每人每年约有2万元的收入,较流转之前年收入提高约7000元,户均增收2万余元。

二、外在协作标准

1. 充分性

双福集团成立联合体之前大致经历了两个发展阶段,2001年之前,双福集团仅是一家纯粹从事粮食收购、加工的企业,利用式

(4.7)我们计算出双福集团在此阶段的组织充分性指数 C 值仅为29%,组织完整性和系统性较弱,所涉及的农业生产经营环节过于单一,双福集团在收购过程中发现农户零散交售的原粮品种杂、品质差,导致产品品质徘徊不前,销路难以打开。2002 年至 2013 年5 月,双福集团针对原粮收购和产品销路问题,转变思路,着力推进"公司+订单基地+农户"的产业化经营,采取公司直接管理生产、收购、加工和销售等全过程的方法,这一阶段,双福集团通过转型发展,逐渐发展壮大,组织充分性指数 C 值达到 58%,较之第一阶段有了一定提高,但由于这种经营模式是建立在一家一户生产的基础上,且受市场影响,没有形成紧密的合作关系,存在推行成本高、效果不佳、难以控制、管理不便等诸多不利因素。

2013 年 6 月,在县镇政府和农业部门的建议下,双福集团转变发展思路,采取"龙头企业+专业合作社+家庭农场(专业大户)+传统农户"的紧密型联合经营模式,通过龙头企业订单收购、专业合作社组织协调、社会化服务组织统一服务、家庭农场(或种粮大户)专心经营,既解决了龙头企业收购优质粮源的问题,又解决了家庭农场(或种粮大户)在生产过程中因自身能力有限出现的阶段性农机具、劳力和生产资金不足的问题,同时也壮大了社会化服务组织,提升了服务组织能力和水平。这一阶段,双福集团通过成立现代农业产业化联合体,使组织充分性指数 C 值达到100%,与之前的农业经营组织形式相比有了显著提高,呈现出旺盛发展活力和广阔的发展空间。

双福集团联合体包括龙头企业、专业合作社、社会化服务组织和专业大户(家庭农场),组织架构合理,涉及农业的产前、产中、产后等各环节,在生产经营过程中实现各个环节的精细化管理和成本控制,生产经营过程系统,信息完备。充分发挥联合体内部各新型农业经营主体的主观能动性,是发挥联合体优势,保证联合体正常而完整运作的基础。因此,联合体成立后,既要考虑如何有效组织农业生产,充分发挥农田的经济效益,又要考虑"龙头企业+专业合作社+社会化服务组织+家庭农场(专业大户)"之间自身发展和利益分配,但究竟如何来操作,借鉴公司创办小麦农业标准化示范区的经验,首先,建立一支现代职业农民队伍,也就是通过农田招标承包形式引进家庭农场或种粮大户来实行适度规模经营。第二,建立一支管理和服务的力量,来实施龙头企业的决策和部署。在一段时间的探索实践下,目前联合体的整体架构已经初步形成,组成机构之间基本实现准确定位、明确分工、利益共享、协同发展,各个成员在不同环节上各司其职、各负其责,共同做大优质粮产业这块蛋糕,从而实现多赢。

2. 适宜性

双福集团成立联合体之前,各经营主体大多规模小、抵抗风险能力弱。双福产业化联合体成立之后,坚持以企业化管理理念为指导,以合同形式约束联合体内各成员行为,以绩效评价发挥成员在联合体中的积极性和主动性,抵抗风险的能力大幅提高,能够适应内外部环境变化带来的各种风险与挑战。

根据式(4.8)和实际调研数据,我们计算得到 2014 年双福产业化联合体适宜性指数为 92%,虽然遭遇了前旱后涝长低温的恶劣自然灾害条件的影响,但小麦亩产仍保持了较高水平,与联合体成立之前在遭遇自然灾害时小麦大幅减产,适宜性指数仅为48%,有些年份甚至为 0 相比,双福产业化联合体的适宜性显著提高。适宜性的提高主要得益于联合体内龙头企业注重加工技术联合研发;在生产上双福集团不直接参与生产环节,充分尊重家庭农场的经营自主权,通过三年一个周期的招标承包制,形成动态的淘汰机制,激发了专业大户(家庭农场)使用新品种、新技术发展粮油种植的积极性;专业合作社作为龙头企业与农户联系的纽带,分别设立了农技服务队、农机服务队和农资服务社,在基地全面实行"五统一",通过建立良好的运行管理制度,使联合体的适宜性不断增强,表明联合体的成立能够显著提高农业抵御自然灾害风险的能力。同时,双福集团依托自身在资金、信息等方面的优势,指导农业生产,根据每年的市场行情确定农作物种植规模及品种,能够有效规避农业的市场风险;另外,由于双福联合体生产的农产品质量较高,即便遭遇市场行情不好的年份,也依然能够凭借自身的质量优势,获得市场青睐。

3. 有效性

依据双福集团调研的资料和数据,利用现代农业产业化联合体综合效益评价指标体系及模型,计算得到2004—2014年双福粮油公司产业化联合体成立前后综合效益指数,并以2012年双福粮油公司产业化联合体成立为节点,分析联合体成立前后运营效益的变化情况(见表6-5)。

表6-5 2004—2014年双福粮油公司产业化联合体成立前后综合效益指数

年份	2004	2005	2006	2007	2008	2009	2010	2011	2012	2013	2014
指数	0.4104	0.4912	0.6139	0.7045	0.6832	0.6746	0.7021	0.7158	0.8377	1.1052	1.2573

如表6-5所示,双福粮油公司产业化联合体成立前后,综合

效益指数变化可分为三个阶段,第一阶段即 2004—2007 年。在双福集团成立后的 4 年时间里,公司获得了较快发展,综合效益指数呈现快速上升趋势,由 2004 年的 0.4104 增长到 2007 年的 0.7045,年均增长 0.098。第二阶段从 2008 年至 2011 年。期间,双福集团发展遭遇严重瓶颈,农户生产经营效率较低,机械化程度普遍偏低,导致其综合效益指数停滞不前,甚至出现综合效益下降的情况,2011 年综合效益指数仅比 2007 年增加 0.0113。第三阶段从 2012 年至 2014 年。2012 年,双福集团牵头组建双福粮油产业化联合体,当年,处于组建初期的联合体综合效益指数就达到 0.8377,较之联合体成立之前有了显著提升。2013 年,在联合体整体架构已经成型,内部各经营主体明确分工的基础上,联合体综合效益实现了跳跃式增长,较 2011 年联合体成立前一年增长了 0.3894,年均增长 24.26%。由此可见,在现代农业产业化联合体成立之后,其综合效益较成立前有了显著提升。

本章在第三章、第四章的理论基础之上,以安徽省双福集团成立的联合体为研究对象,分别从双福发展的理论视角和实践范式两个方面进行实证研究。通过实证分析发现,双福集团成立的联合体已经取得了显著成效。从理论视角出发,双福产业化联合体粳稻每亩生产成本减少 283.94 元,实现了规模经济;社员交易成本由联合体成立前的 213.5 元下降到联合体成立后的 95.9 元,联合体的成立使交易成本显著下降;联合体通过专业分工,极大地提高了劳动生产率,大大增加了劳动者收入;通过各经营主体之间的利益博弈,联合体和各成员均实现了收益最大化,使得联合体这种新型的农业经营组织形式能够健康稳定地存在。从实践范式出发,在联合体的内在聚合标准中,双福产业化联合体保证了土地、资金、人才、信息等生产要素在联合体内的自由流动,实现了要素的优化配置;2012 年联合体成立后,第一产业影响力指数始终大于 0.78,说明在双福集团成立产业化联合体之后,第一产业对国民经济其他产业部门的拉动作用显著增强;通过联合体内部完善的利益联结机制,各经营主体在参加农业联合体之后的收益均有了大幅度增长。在联合体的外在协作标准中,双福集团的组织充分性指数由 2001 年之前的 29%提高到 2012 年以后的 100%,与之前的农业经营组织形式相比有了显著提高,呈现出旺盛发展活力和广阔的发展空间。2014 年联合体适宜性指数为 92%,比之前 0 到 48%的适宜性水平有了显著提升,能够应对内外部环境变化带来的各种风险与挑战。2012 年在双福联合体成立之后,综合效益较 2011 年增长了 0.3894,年均增长 24.26%。由此可见,在现代农业产业化联合体成立之后,其综合效益较成立前有了显著提升。

第七章 安徽省粮食产业化
联合体发展研究

安徽是粮食大省,常年粮食产量居全国第6位,为国家粮食安全作出了重要贡献。随着农村改革发展的深入推进,随着粮食产业政策的调整,发展粮食产业化联合体已成为粮食生产经营者的共同选择。本章借助2014年、2015年两次实际调研数据和相关统计数据,分析安徽省粮食产业化联合体发展的需求、成效和问题,分析其实践探索模式,并提出政策建议。

第一节 安徽省发展粮食产业化联合体需求分析

安徽省粮食经营主体构建产业化联合体与现实需求直接关联,这些需求主要表现为主体需求、发展需求和政策引导三个方面。

一、主体有需求

过去,农民种粮,企业从事粮食加工与营销,生产者与经营者脱节,没有形成全产业链条。现在,随着信息技术特别是互联网技术的发展,分享经济蓬勃兴起,就要通过粮食品牌引领,来提升价值链、延伸产业链、打造供应链、形成全产业链,让农民在产品增值中分一杯羹,实现龙头企业、合作社和家庭农场的多赢。

二、发展有要求

近年来,安徽省新型农业经营主体蓬勃发展,适度规模经营加快推进。一方面,新型农业经营主体依法采取转包、出租、互换、转让等方式流转农户承包地。截至 2015 年,安徽省土地流转面积3788.9 万亩,其中耕地 2921.9 万亩,耕地流转率 46.8%,比全国高 10 个百分点。另一方面,开展土地入股、土地托管或主要生产环节服务托管。新型经营主体为农业注入了资本、技术、管理等要素,为追求效益最大化,在横向上必然产生各主体间要素的联合与合作,在纵向上必然把产前、产中、产后连接起来,走一、二、三产业融合发展之路,农村经济发展已到了这个阶段。

三、政策有引导

2015 年,全国粮食总产量 12428.7 亿斤,连续十二年丰收,供求基本平衡,但结构性供大于求,特别是玉米,供给增多,需求减弱,出现"卖粮难"问题。目前,国内主要粮食品种价格已普遍高于国际市场,价格的天花板显现,成本的地板不断抬升,种粮效益下降,农民增产难增收。目前,国家粮食基本政策是"两稳":稳步提升粮食产能,稳定小麦、水稻生产。稳定产能,就是在基本农田基础上,进一步划定口粮田,集中建设一批高标准口粮田,实现藏粮于地、藏粮于技。对小麦和水稻,国家将继续实行保护价收购,而玉米将实行市场定价、价补分离的政策。发展粮食生产,在观念上,应由过去的发展通用粮食,转到发展专用粮食、品牌粮食,从粮食安全转向安全粮食,更加注重质量、效益。在举措上,粮食生产要与养殖结合,做好畜禽粪便资源化利用,实现就近就地生态消纳,减少化肥农药使用,发展青贮玉米,支持草食畜牧业,开展粮经连作、稻养结合试点,实现"亩收千斤粮、亩增千元钱",加快构建粮经饲统筹、种养加销一体、农林牧渔结合的现代农业结构,促进农业一、二、三产业融合发展。

第二节　安徽省粮食产业化联合体发展成效

一、规模不断扩大

近年来,随着新型农业经营主体发展加快,安徽省粮食产业化联合体应运而生,从无到有、从小到大不断发展。1. 在数量上,目前全省已成立粮食产业化联合体 670 多家,具有粮食联合体雏形或正在组建的 440 多家。2. 在规模上,单个粮食联合体平均经营农地规模近 2 万亩,带动 3 个以上专业合作社、10 个左右种植大户和约 1000 个农户。皖北以小麦为主,皖西南和江淮丘陵地区以水稻为主,已有超过 60% 的联合体开展双季(小麦和水稻、小麦和玉米)生产联合。如宿州市埇桥区淮河粮食产业化联合体,成立于 2013 年,由淮河种业公司牵头组建,采取"农业龙头企业+农机合作社+种植合作社+家庭农场"四位一体模式。目前,淮河粮食联合体已吸纳 10 家专业合作社及 22 家家庭农场,流转土地面积 1.6 多万亩,托管土地面积 4 万多亩,小麦良种繁殖面积 4 万多亩,带动农户达 6500 户以上。3. 在组织形式上,粮食联合体内的主体一般包含龙头企业、农民专业合作社、种植大户或家庭农场等。依主导产业,联合体可划分为水稻、小麦、玉米和综合型。依龙头企业带动方式,联合体可划分为种子繁育引领型、加工营销导向型、生产供应服务型和收储延伸保障型。

二、质量持续提高

安徽省粮食产业化联合体在数量扩张的同时,发展质量不断提高,带动联合体整体效益的提升。

1. 产业链延伸

联合体成立之初,龙头企业主营业务集中在粮食初加工、仓储、流通等环节,现在龙头企业更注重产业链条纵向延伸,选育优质品种,推行标准化生产,发展精深加工,更注重产业间的横向拓展,大大提高了企业的综合效益。如涡阳县同丰种业,以前主要从事小麦育种和加工,现在产业链延伸到"新麦26"小麦良种的育种、生产、加工和销售,以及玉米的生产经营,还与饲料加工、养殖和化工产业联合,拓展多元化合作空间。

2. 品牌建设突出

联合体以品牌为引领,内部各经营主体分工合作、相互促进、相互监督,着力推进"三品一标"建设,共同打造粮食品牌。如滁州市来安县金鸿安米业,在"金鸿安"企业品牌下,依据消费者市场细分,推出普通大米、有机大米和功能性大米等系列品种,着重打造"北仔""瑞福麟"和"青凤"等高端米业品牌,满足不同消费群体的需求。据统计,目前安徽省粮油类企业中获"中国地理标农产品"称号2个,获"安徽省著名商标"称号230个,获"安徽省名牌"称号88个。

3. 创新能力提升

为解决粮食联合体融资难、融资贵问题,探索开展融资模式创新。宿州市与徽商银行合作,在全市开展粮食经营主体信用评级体系建设,为不同信用等级的龙头企业、家庭农场和专业大户提供资金支持。同时,建立 2 亿元的财政担保基金,撬动 10 亿元商业资金,满足粮食联合体成员贷款需要,鼓励并推广龙头企业为家庭农场和专业大户承保。凤台县凤禾农业投资公司、太和县三泰面粉公司、黄山区粮食购销公司等,结合本地实际,探索"粮食银行"收储模式,一定程度上缓解了家庭农场和专业大户资金困难问题。为降低自然灾害和市场风险,安徽省涡阳县道家食品联合体创新风险管理机制,由龙头企业出大头,每年从其他经营主体的利润收入中提取一定比例,建立风险基金和互助基金,为联合体内因市场因素和自然灾害等受到影响的家庭农场、种植大户和家庭农户提供扶持资金,提高其抵抗风险能力,实现龙头企业对农户的反哺。

三、效益逐步显现

粮食产业化联合体的发展,促进了生产与市场的有效对接,优化了生产要素的配置,在保障粮食有效供给的同时,实现经济效益、社会效益、生态效益的有机统一。

1. 保障粮食有效供给

安徽省粮食播种面积由 2003 年的 8107 万亩扩大到 2015 年的 9949.4 万亩,增幅 22.6%;粮食产量由 2003 年的 2215 万吨增加到 2015 年的 3538 万吨,增幅 559.7%,粮食生产实现了"十三连丰"。粮食联合体在土地流转基础上,实现适度规模经营,提高了土地综合利用效率(见图 7-1)。

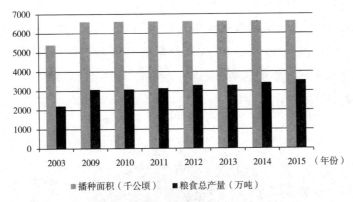

图7-1　安徽省粮食产量"十三连丰"

2.经济效益不断提高

联合体通过统一批量采购种子等农资、统一农机作业服务和稳定的销售渠道,不断节本增效,获取规模效益。联合体内龙头企业通过家庭农场(专业大户)获得稳定优质的原粮供应,保障企业连续生产,保证了产品质量,并通过品牌化建设,延长产业链条,提高农产品附加值。联合体内家庭农场(专业大户)通过规模采购降低了生产资料成本,以高于市场的协议价向龙头企业提供原料,实现收入增加。农民专业合作社向家庭农场(专业大户)提供技术服务和作业服务,可以获得稳定的服务面积和集中连片的服务环境,使经营收入更有保障。普通农户把土地流转出去,既可以获得稳定的租金收入,也可以受雇于龙头企业,通过田间管理、作业服务等获得工资性收入。如太和县共赢粮食产业化联合体,在供肥、供种、旋耕、植保、收割等环节统一实行专业化社会化服务,每亩分别减少开支80元、40元、15元、20元和20元,共节约成本175元,粮食亩产超周边农户10%左右,大约增收90元,种植大户实现每亩节本增效 265 元(见图 7-2)。龙头企业三泰面粉有限责任公司上半年销售收入达到 8000 多万元,实现增加值 1854 万元,同比增长 15%,其中,来源于联合体的收入超过 10%。种子服务合作社(小麦一项)服务收入超过 50 万元,全部来源于联合体。

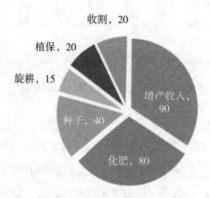

图 7-2　联合体种植大户"增产节本"纯收入(元/亩)

3.社会效益明显提升

粮食产业化联合体通过规模化种植、标准化生产、集约化经营,提高了产量,保障了优质粮食产品的有效供给。联合体内的龙头企业、农民专业合作社、家庭农场(专业大户),通过契约建立了紧密的利益联结关系,共同应对市场风险和自然风险等,保障了各经营主体的收益,促进了新型经营主体发展。联合体通过有序流转土地,拓宽了农民就业渠道,促进农民收入多元化,带动职业农民队伍发展壮大,促进了社会稳定发展。同时,联合体的规模化经营带动了农业基础设施的改善,加快了育种、种植、管理、农机、农资等先进集成技术的推广和应用。如泗县富民粮食产业化联合体,使用长期工 13 人、临工 60 人,主要从事田间管理和作业服务等,长期工人年均收入 21000 元,临工年均收入 6000—8000 元(每人每天工资 60—80 元,两季生产服务时间约 100 天),2014 年泗县农民人均可支配收入 7949 元,来自联合体的临工收入与当地农民收入相当,长期工收入是当地农民的 2.64 倍。

4. 生态效益显著改善

粮食产业化联合体通过龙头企业带动和专业合作社的服务,全面推广病虫害综合防治、测土配方和节水灌溉技术,提高水资源利用率,减少了化肥、农药的投入,降低了农业面源污染,改善了农村生态环境。粮食产业化联合体在生产经营管理中,逐步建立从田间到餐桌的农产品质量全程可追溯体系,保障了农产品质量安全和食品安全。同时,有的粮食产业链向休闲旅游业延伸,更是把环境保护放在突出位置。如黟县有农生态农业有限公司,充分发挥黟县生态环境、旅游资源优势,把生态农业与乡村旅游结合起来,一方面建设"现代国际乡村旅游综合示范区",另一方面打造有机优质粮油品牌,公司的优质大米畅销黄山、合肥、上海等地,零售价在 6—18 元/斤,每亩收入超过 7000 元,在经济效益提升的同时,也带来了生态效益的改善。

第三节　安徽省粮食产业化联合体发展存在的问题

整体上看,安徽省的粮食产业化联合体尚处于起步阶段,制度建设还不完善,服务管理还不到位,扶持力度还不强,在发展过程中还存在一些问题。

一、龙头企业带动力不强

主要表现在三方面:一是通用粮食多,专用粮食少。皖北地区主要从事面粉加工销售,皖江地区主要从事稻米加工销售,龙头企业以当地通用粮食加工销售为主,产业链条短,精深加工少,产品附加值较低。缺少专用品牌粮食的生产,来推动粮食产业转型升级。二是规模较小,辐射带动能力有限。目前,安徽省现有粮油类国家级农业产业化龙头企业22家,省级粮食产业化龙头企业344家。其中,年产值5亿元以上企业57家,占单纯粮食加工企业总数比例不到20%。全省构建粮食产业化联合体的省级龙头企业230家,占全部省级龙头企业的30%,绝大多数年产值在5亿元以下。龙头企业规模较小,开拓市场能力有限,难以为联合体内的主体提供满意的融资、技术等服务。三是创新能力弱,整体竞争能力不强。多数龙头企业没有专门研发机构,投入技术创新和产品开发的资金较少,自主技术创新能力受限,与国际和国内先进水平相比有较大差距。一些龙头企业缺乏品牌意识,缺少在全省乃至全国市场上有较高知名度的粮食产品品牌,市场竞争力不强。

二、联合体发展不平衡

1.从发展区域上看,皖北多,皖南和江淮丘陵地区少。皖北六市粮食联合体已达360多个,接近总数的60%,超过其他十个市的总和。究其原因,各地对联合体这个新兴事物有一个认识和接受的过程,皖北农村的改革创新一直走在全省乃至全国的前列,产业化联合体就是在宿州市的探索基础上逐步发展起来的,因此皖北地区联合体发展一直走在前列。2.从发展阶段上看,联合体由资源消耗、环境污染型向资源节约、环境友好型转变,发展生态高效的农业模式还没有成为常态。突出表现为,粮经饲结构不合理,种养业循环不畅,一、二、三产业融合不够,区域结构与资源禀赋条件不尽匹配等。3. 从发展业态上看,互联网已成为不可阻挡的时代潮流,深刻地影响着人们的思维模式、生产模式、生活方式。大多数联合体还没有踩上时代的节拍,亟须以互联网思维改造传统农业,对接现代农业,发展智慧农业,发展农产品电子商务等新兴业态。

三、联合体发展不规范

主要表现在三个方面:1. 制度建设不够完善。当前,安徽省粮食产业化联合体体制机制不够完善,经营组织体系不完整,各项规章制度不健全,尤其缺乏公平、科学和有效的契约,各经营主体对自身责任和权利尚不明晰,产、加、销等方面缺乏有效组织,联合体各经营主体参与度低,整体凝聚力和稳定性较差。2. "三个链接"相脱节。联合体的核心在于实现"三个链接",即产业链接、要素链接和利益链接。由于制度不完善和执行不力等原因,联合体存在"三个脱节"问题。(1)产业链脱节。以初级加工为主,产业链纵向、横向延伸不够,粮食市场信息和价格传导机制不畅通,生产、加工、流通、消费四个环节联结不紧密。(2)要素链脱节。目前,各经营主体融资渠道窄、贷款成本高、流动资金缺乏;农业保险覆盖面窄、保额低,保障水平低;农村劳动力短缺,专业技术人才匮乏;土地承包、流转情况复杂纠纷多,阻碍了土地流转,影响了规模化生产。(3)利益链脱节。有的联合体一旦遇到市场波动和自然灾害时,违约现象时有发生,联合体作用不能很好体现,长期以往可能导致联合体解体。调查显示,即使是紧密型联合体,违约率也在 10% 左右,松散型联合体的违约率超过 20%。3. 社会化服务滞后。目前,政府公益性服务主要侧重于粮食种植科技服务,社会经营性服务主要侧重于农机服务、农资供应、病虫害防治等,而市场信息、现代物流和产业政策、金融保险等服务缺乏。无论是公益性还是经营性服务,服务的范围都较小,不能满足生产经营主体的实际需求,特别是新型农机、灌溉、仓储、烘干等服务。

第四节　安徽省粮食产业化联合体发展模式创新

发展现代农业,要走产出高效、产品安全、资源节约、环境友好的发展道路,核心是生态高效,推进方式是产业化经营。粮食产业也要走生态化发展、产业化经营的道路。粮食产业化联合体要顺应这种发展趋势,以专用品牌粮食为引领,以“互联网+现代粮食”为支撑,着力构建产品生态圈、企业生态圈和产业生态圈三位一体的现代生态农业产业化发展模式。

一、探索构建生态圈,推进联合体绿色发展

以市场为导向,通过品牌引领、循环利用和产业融合,探索构建品牌化运营产品生态圈、联合体组织企业生态圈和复合式循环区域产业生态圈三位一体的生态粮食产业化发展模式。

以安徽省南陵县的南陵大米为例。南陵县是中国四大米市之一“芜湖米市”的主要产粮区,素有“江南鱼米之乡”之称。所谓产品生态圈,也就是说,“南陵大米”首先是一个区域公共品牌。其次,“南陵大米”还有一系列企业品牌,如“云谷贡”牌、“景红”牌、

"小丫山"牌等。再次,"南陵大米"这种产品的品质怎样,还要认证。事实上,"南陵大米"已获农业部农产品地理标志保护,东源公司的"云谷贡"牌大米、兴农优质米有限公司的"景红"牌大米、雄发米业公司的"小丫山"牌珍珠米等均通过国家绿色食品认证。最后,"南陵大米"畅销上海、杭州、南京、合肥等地,说明通过消费者选择,最终成为受到市场认可的产品品牌。总而言之,通过"南陵大米"这个品牌的引领,区域公共品牌、企业品牌、产品品牌三者相互联系、协同演变、有机融合,形成了一个产品生态圈。所谓企业生态圈,首先,"南陵大米"生产厂家有东源公司、兴农优质米有限公司、雄发米业公司、永兴米业公司等,这实际上就是一个区域内公共品牌下若干相互关联的企业生态圈。其次,一个企业品牌产品包括生产、加工、流通,也就是说在产业链条上有若干个生产经营主体,企业负责品牌创立,生产标准制定,它主要在加工流通环节。有些企业有自己直接的生产基地,但多数还是联合一些家庭农场或专业大户,为其提供原料。有的基地还要通过合作社为其提供种苗、农资以及生产环节统一服务等,这就形成了以企业为核心、以农民专业合作社为纽带、以家庭农场和专业大户为基础的企业生态圈,也就是一个产业化联合体。所谓产业生态圈,"南陵大米"在一个地域生产,首先在种植时,需要一个良好的产地环境,就是土壤、水、空气等不能受到污染,还要求周边区域有良好生态环境。其次,在生产过程中,要严格控制化肥农药的使用量,把畜禽粪便转为有机肥,形成一个以植物生产、动物转化、微生物还原的循环生态系统,构成了一个良性循环的产业生态圈,进而实现县域大循环,乡镇(示范区)中循环,企业小循环。综合起来,就形成了从消费到生产到产地的三位一体生态圈。

通过以上例子,将实践模式归结为下面的三圈:1. 以品牌化运营打造产品生态圈。以打造绿色生态品牌为中心,探索建立粮食产品产地环境、生产过程、加工流通、消费全程可追溯体系,推进粮食安全储备与应急体系建设和食品监测基础设施建设,完善检验技术手段。通过品牌引领,使区域公共品牌、企业品牌、产品品牌三者相互联系、协同演变、有机融合,一荣俱荣,一损俱损,形成产品生态圈。2. 以联合体组织打造企业生态圈。品牌产品靠企业来组织经营,包括生产、加工、流通等。在品牌产业链条上有若干个生产经营主体,企业负责品牌创立,生产标准制定,主要在加工流通环节。有些企业有自己直接的生产基地,但多数还是联合一些家庭农场或专业大户,为其提供原料。有的基地还要通过合作社为其提供种苗、农资以及生产环节统一服务等,这就形成了以企业为核心、以农民专业合作社为纽带、以家庭农场和专业大户为基础的企业生态圈,也就是一个产业化联合体。3. 以复合式循环打造区域产业生态圈。通过植物生产、动物转化、微生物还原的循环生态系统,推进种养加、贸工农一体化,实现地域范围内的复合式循环,构建以粮食企业为单元的生态小循环、以示范园区为单元的生态中循环、以区域为单元的生态大循环,实现"一控两减三基本"目标(控制农业用水总量,化肥、农药减量使用,畜禽粪污、农膜、农作物秸秆基本得到资源化利用)。

二、发展专用品牌粮食,提高联合体竞争力

粮食生产上,应由过去的发展通用粮食,转到发展专用粮食、品牌粮食;从粮食安全转向安全粮食,更加注重质量、效益。立足

消费导向,以水稻和小麦等口粮作物为重点,坚持品牌引领、品质保证、品种优先,围绕提升价值链、延伸产业链、打造供应链、形成全产业链的要求,促进粮食结构进一步优化、生产效益进一步提升。

1.选择专用品牌粮食经营主体

瞄准市场占有率较高、溢价能力较强的粮食知名品牌,选择一批实力较强、信誉度较高的品牌运营核心企业,引领专用品牌粮食发展。按照品牌对粮食品种、品质、产地等要求,组织联合体内的专业大户、家庭农场、农民专业合作社按标准生产。

2.制定专用品牌粮食标准规范

依托无公害、绿色、有机农产品生产基地,制定并实施耕、种、收、管(重点是病虫防治)、灌全过程标准,实行标准化生产、规模化经营和专业化服务,确保原料生产符合品牌标准要求。引导品牌运营核心企业和生产服务主体签订购销合作协议,规范契约文本,强化契约落实,通过要素、产业和利益的紧密链接,实现粮食全价值链的利益共享。

3.明确专用品牌粮食扶持政策

针对专用品牌粮食,实施优质专用品种推广、新型肥料推广、绿色防控药械推广、节水灌溉技术推广和新型机械作业服务等补助。加大金融支持力度,提高对专用品牌粮食的政策性保险标准。建立农业信贷担保体系,优先支持专用品牌粮食生产经营主体担保融资。农发行加大对符合农发行战略性客户贷款条件的品牌运营核心企业的收购、储藏、加工专用品牌粮食贷款支持力度。粮食生产发展专项、农业产业化等相关资金优先支持专用品牌粮食试点。

三、推进"互联网+现代粮食"深度融合，发展智慧粮食

信息化已成为不可阻挡的时代潮流，正引领经济社会发生深刻变革。我们要满怀激情地拥抱互联网，以互联网思维改造传统农业，对接现代农业，发展智慧农业。安徽省将大力实施"互联网+现代粮食"行动，以绿色安全为目标，建设全过程的产品质量追溯、全产业链的生产经营、全要素的服务渗透，支持粮食联合体积极运用物联网、移动互联网、大数据、云计算等技术，推进粮食转型升级。

1. 智慧产权——促进粮食适度规模化经营

目前，安徽省农村土地承包经营权确权登记颁证整省推进试点已进入收官阶段。利用建立确权登记颁证县级数据库，实现确权登记颁证成果及应用的信息化。通过落实农村土地所有权、承包权、经营权"三权分置"办法，推进土地经营权权能扩张，发挥土地承包经营权管理信息化系统作用，实现以图管地，通过土地流转、托管、入股等多种方式，促进粮食生产适度规模化经营。

2. 智慧生产——推动大田农业物联网关键技术熟化应用

要以产业化联合体为载体，品牌粮食为重点，制定全产业链农业物联网技术规范。构建天地一体的农业物联网测控体系，加强物联网在农业机械智能化、精准化、节约化、节能化和大型化方面的技术支撑作用，探索实施智能节水灌溉、测土配方施肥、农机智能化与精准化耕作，降低生产成本、提高产品质量、增加品牌溢价效益、减少农药化肥使用量。

3. 智慧电商——发展线上线下融合定制粮食

要立足"消费导向"，按通用粮食、专用粮食、品牌粮食的不同

市场需求,努力提高粮食供给的质量和效率,不仅使粮食供给数量充足,更要在品种、质量上适应和满足粮食多元化、个性化消费升级的需要,建设粮食电子交易市场,发展线上线下融合的定制粮食。构建食用品牌粮食产品从原料到终端消费者的商品全生命周期追踪追溯系统,让终端消费者能够在生产加工流通全过程监督自己定制的粮食产品。

4. 智慧管理——建立信息共享机制

以农业大数据集成应用为方向,一方面加快公益性农业信息平台建设,建立信息资源采集、整理和定期发布制度,将支农惠农政策、新技术新品种应用、粮食供求等信息集中纳入信息服务内容。搭建粮食联合体内各类经营主体、政府、市场和消费者信息沟通网络,保障信息畅通,提高粮食产品质量安全突发事件的应急处理能力,提升政府管理部门对粮食产品质量安全的监管效率;另一方面,支持联合体内经营主体和联合体外的金融、技术、生资等相关经营主体建立信息互联互通平台,促进产业、要素、利益链接。

5. 智慧粮人——加强"互联网+现代粮食"专题培训

各级涉农部门要通过多种形式,强化工作人员业务培训,提升信息化应用能力和农业管理服务效能。开展对种粮大户、家庭农场、专业合作社等粮食联合体内经营主体负责人的"互联网+"知识培训,更新经营主体知识体系,提升经营主体适应"互联网+"能力。依托省政产学研推联盟,推进科研院校加快培养创新型、复合型"互联网+"现代农业管理和技术人才。支持粮食联合体与高等院校、科研院所、信息化公司开展合作,积极开展相关培训,并结合实际,引进培育一批既懂"互联网+",又懂粮食产业的复合型人才。

以上建议措施可由粮食向种植业、养殖业、休闲农业等延伸，推进现代农业转型升级。

第五节 推进安徽省粮食产业化联合体发展的政策建议

现代农业产业化联合体是与现阶段农业生产力发展相适应的农业经营组织形式，符合现代农业发展方向，有利于促进农业增效、农民增收和企业增利。笔者牵头起草了安徽省示范现代农业产业化联合体评选管理暂行办法。笔者认为，本书提出的政策建议，适用于粮食产业，也可拓展到农业其他产业，不仅在安徽，也可供全国其他地区借鉴。

一、制定联合体标准，开展示范联合体创建

按照不同产业、不同类型，以产业链接、要素流动、利益共赢为内在标准，以经济效益、社会效益、生态效益为外在标准，分类型制定示范联合体评选标准和指标体系，建立健全示范联合体评选管理制度。对示范联合体重点支持，并实行动态管理，优胜劣汰。

在省级示范联合体评选中，借鉴现代农业产业化联合体分类标准，提出现代农业产业化联合体应具备八个基本条件：1. 联合体内农业龙头企业、合作社、家庭农场各成员之间以契约形式，建立紧密的产业、要素、利益联结机制，是一种多维融合。2. 联合体内各主体之间以品牌化运营为主线，既有纵向的分工协作，又有横向的联合合作，借助新技术、新模式、新业态，由单个主体之间的线性

单链转化为多主体之间的非线性网链,实现联合体土地、资金、技术、人才和信息等要素的优化配置。3. 联合体内各类主体通过契约、合同等建立风险共担、利益共享的紧密型利益共同体,共同抵御农业的市场风险、自然风险和病虫害风险。如以让利形成利益共享,以共同出资建立风险基金形成风险分担机制。4. 联合体经济效益明显,带动专业大户和家庭农场收入高于本县(市、区)同行业传统农户收入10%以上。5. 联合体生态效益明显,积极推进"一控两减三基本",大力开展种养结合、复合循环利用生产方式,建立健全农产品质量安全可追溯体系。6. 联合体社会效益明显,联合体内各主体生产经营诚实守信,无偷税漏税、拖欠工资、拖欠社保等不良记录,近三年内无重大质量安全卫生事故,有较好的社会美誉度。实现了经济效益、社会效益和生态效益的有机统一。7. 联合体有成员共同制定的联合体章程。8. 联合体有明确的农业主导产业,有成员共同参与制定的联合体建设方案。

建议国家层面、其他省份可参照安徽做法,制定产业化联合体示范标准,开展示范联合体创建。市、县层面也可相应开展示范联合体创建。

二、扶持示范联合体,重点扶持联合体内部的经营主体

整合涉农相关项目资金,重点支持联合体内新型经营主体的基础设施建设、信用担保、融资风险补偿、农业保险、政策性补贴等,着力破除制约联合体发展的瓶颈。

1. 增强龙头企业的带动能力

落实扶持农业产业化龙头企业的各项政策,积极培育省级龙头企业"甲级队",设立省级以上龙头企业融资风险资金,优先对

评选的龙头企业"甲级队"提供融资担保支持,不断增强龙头企业对联合体的引领带动能力。支持龙头企业开展兼并重组,发展混合所有制企业,完善现代企业制度。鼓励支持龙头企业建设稳定的原料基地,发展农产品加工、销售和社会化服务,提升龙头企业的核心竞争力。

2. 提升农民专业合作社服务能力

规范农民专业合作社的运行,发展一批管理科学规范、服务能力较强、带动作用突出的农民专业合作社示范社。引导农民专业合作社拓宽合作领域,积极开展专业合作、信用合作和社企合作等,探索农民股份合作制,实现从产品合作走向产业合作、全要素合作和生产全过程合作。

3. 强化专业大户和家庭农场的基础支撑

引导农村土地向专业大户和家庭农场有序流转,发展多种形式的适度规模经营。加快建立家庭农场基础台账,分级建立示范家庭农场名录,健全家庭农场管理服务制度。推进专业大户、家庭农场的联合与合作,鼓励以专业大户、家庭农场为基本成员组建以农艺农机融合作业服务为基础的农民专业合作社。

三、搭建联合体发展平台,优化联合体发展外部环境

1. 搭建人才支持平台

农业、科技等相关部门安排专业技术人员与联合体对口联系、结对帮扶,抽调专业技术干部到联合体所在乡镇或联合体挂职锻炼,优先安排大学生到联合体所在行政村任"村官",指导服务联合体建设。鼓励农业科研院所和高等院校在联合体建立实训、研发基地,开展合作共建。

2.搭建主体培训平台

整合各类教育培训资源,开展以龙头企业、农民专业合作社和家庭农场经营管理、农业技术应用等为主要内容的技能培训。同时,优先纳入新型职业农民、就业技能、雨露计划等培训范围。针对返乡农民工、复转军人、农村能人以及未能继续升学的初高中毕业生等,大力发展农业职业教育。制定中长期职业农民培养规划,探索建立新型职业农民资格认定办法、农业行业准入制度。

3.搭建融资服务平台

推动金融机构与联合体内新型农业经营主体建立融资协作长效机制,对联合体统一核定授信额度、打包授信。金融机构有针对性地创新金融产品和服务方式,开展权属清晰、风险可控的大型农业机械设备、土地经营权等抵押贷款。扩大有效担保物范围,开展股权、林权、保单等质押担保,凡不违反法律法规规定、财产权益归属清晰、风险能够有效控制的联合体的各类动产和不动产,都可用于贷款抵押或担保。鼓励联合体的龙头企业为家庭农场、专业大户的生产性贷款提供担保,或由企业承贷、联合体内成员单位及农户使用。探索建立资金互助组、资金互助社、小额贷款和担保公司等本土金融组织。推动政策性农业保险应提标扩面,提高农业保险保障水平,探索建立政府支持的农业巨灾风险补偿基金,逐步建立农业巨灾风险分散机制。

4.搭建信息服务平台

打造涵盖联合体所在区域的综合信息服务平台,建立信息资源采集、整理和定期发布制度,加强农惠农政策、新技术新品种应用、农产品供求、金融保险等信息服务。支持联合体信息网络硬件建设,鼓励联合体发展电子商务和网上营销,拓展农产品销售渠道。鼓励联合体运用信息技术,对生产经营进行精细化管理。

在对安徽省多地粮食产业化联合体发展情况调研的基础上,分析了安徽省粮食产业化联合体发展的成效和问题。由于粮食产业受到自然条件约束较多,安徽省粮食产业化联合体处于建设阶段,发展过程中存在发展不平衡、发展不规范和龙头企业带动力不强等问题,需要推动粮食产业化联合体创新发展、规范发展,加大对联合体的政策扶持力度。

第八章　安徽省现代粮食产业化联合体典型案例分析

　　现代农业产业化联合体是安徽省继1978年家庭联产承包责任制之后在农业领域的又一次主动探索创新。安徽省在现代粮食产业化联合体的创建过程中做出了许多有益探索,对安徽省现代粮食产业化联合体进行系统性分析,总结其在实际经营过程中的成功经验和所遇到的问题,可以为现代农业产业化联合体在全国范围内推广提供有益借鉴。本章分别选取丰乐种业、槐祥工贸公司、天禾农业科技公司和凤台粮食银行作为典型案例,通过对它们创建现代农业产业化联合体的发展历程、管理模式、存在问题及解决方案四个方面进行系统性分析,以期分别为种子繁育引领型、加工营销导向型、生产供应服务型和收储延伸保障型联合体的发展提供参考。

第一节　种子繁育引领型案例——丰乐种业

　　当前,全国的农村经济正处在一个特殊的转型时期,即由传统农业向现代农业转变,实现这个转变的主要经营方式就是实施农业产业化经营。而从当前的农村发展现状来看,影响农业增效、农民增收、农村发展的主要原因之一在于农业生产组织模式过度松散。要加快农村发展就必须要建立一种全新的发展模式，结合各地区的实际情况，因地制宜地加快推进农业产业化，促进农业结构调整。因此，农业产业组织模式的创新是农业产业化经营的关键，也是推动传统农业向现代农业转变的巨大动力。因地制宜地探索农业产业化的发展途径，选择合适的产业组织发展模式是新阶段发展现代农业的必然选择。合作社、家庭农场、农业产业化龙头企业等区别于传统小农生产，在农业集约化、组织化、专业化和社会化方向有突出优势。在实践中，既有龙头企业和传统农户的联合，也有各经营主体之间的联合，这种联合是更广范围和更高层次的资源优化配置过程。把小农经济纳入到新型经营主体的联合生产实践，不仅是龙头企业与农民共同分享经济增长和市场收益的过程，更有助于推进农业产业化进程，为现代农业发展开辟出一条新路。本节以丰乐种业产业化联合体为典型案例，通过对其种子生产、销售模式的系统性分析，总结其生产经营中遇到的问题及解决方案，以期为种子繁育引领型现代农业产业化联合体的发展提供参考。

一、发展历程

丰乐种业的前身是合肥市种子公司，1987年首次使用"丰乐"牌注册商标，创建了国内第一个种子经营门市部，并组建了沪、浙、皖西瓜种子产销联合体。1997年，丰乐种业改制上市，成为中国种子行业第一家上市公司。2001年，丰乐种业被国家农业部等八部委评定为第一批农业产业化国家级重点龙头企业。丰乐种业作为中国种业第一股、农业产业化重点龙头企业，经过多年努力与实践,已初步形成了一批具有较大规模和较高水平的区域化、专业化、标准化种子生产基地,培育了一批具有较高层次和较强辐射带动能力的营销网络,催生出包括"龙头企业+基地+农户""龙头企业+专业合作社+种粮大户+家庭农场"等一系列新型农业经营组织形式。2010 年,公司发起成立安徽省西瓜甜瓜产业技术创新联盟筹备会;2012 年,公司内控管理体系和全面预算管理系统正式运行;2013 年,公司与 11 家种业龙头企业共同投资 3 亿元联合组建"杂交水稻育种平台";2014 年,公司开通企业微信公众号,并与 400 客服系统整合,进一步完善服务体系。公司通过成立丰乐种植帮扶会,服务新型农业经营主体,走出了一条公司连基地、基地带农户及专业合作社在农业产前、产中、产后环节提供社会化服务的新路子,确保了产品从种植、生产到流通、销售全过程的质量安全,公司、专业合作社和农户之间形成了紧密的利益共享和风险共担机制。

二、管理模式

1. 种子生产基地管理模式

多年来,丰乐种业在种子生产基地建设方面一直采用牵头人、委托制种单位或"村委会+公司+农户"的生产组织模式。此模式中牵头人、委托制种单位或村委会自身需具备丰富的生产基地管理经验且有一定的经济基础,在正常年份能得到利益保障,在非正常年份有较强的抗风险能力,而公司通过支付其管理费用的方式固化合作关系。此模式可避免直接与制种面积小且分散、抗风险能力弱、诚信度低的农户直接打交道,减少了大量人力、物力、精力投入,有利于规模化、标准化种子生产基地的落实和统一管理,最大限度地降低公司制种成本与风险。每年种子生产季节开始前，公司都会与上述各生产主体签订预约生产合同，在合同中约定生产品种、生产面积、收购种子质量、违约责任、管理费用、收购价格等基本要素。例如在水稻、玉米种子收购合同中一般均直接约定收购价格，除人为不可抗拒因素外，一般最终收购价均按照合同约定执行；而小麦种子收购价格一般是按实际收购时当地商品粮市场价确定，定价后，价格不再上下浮动变化，支付给委托制种单位的基地管理、加工损耗等相关服务费用一般占收购总价的20%—30%。在种子生产过程中，为保证种子质量，公司除提供优质亲本种子外，从生产季节开始一直到种子收购结束安排专人驻扎在各生产基地，监督管理种子生产、收购工作并免费提供全程种子生产技术培训与指导。

由于公司对生产的种子实行包收包销制，因此，公司承担了巨大的制种与库存积压风险。在种子生产正常年份，公司按实际收购的种子数量以及合同约定的收购价格支付费用，制种收入平均高于商品粮种植收入400—500元/亩，生产主体一般可赚取0.8—1元/公斤的额外利润。计算方式主要分为包产值和按产量两种。包产值计算公式：实际制种面积（亩）×亩包产值（元/亩）＝最终收购总价，此方式无论是在正常或非正常年份中，可以完全规避农户制种风险，而企业收购成本较高；按产量计算公式：实际制种面积（亩）×实际生产合格种子数量（公斤/亩）×结算单价（元/公斤）＝最终收购总价，此方式对企业来说收购成本较小，但在非正常年份，农户的收益明显低于亩包产值时，则给予农户部分补偿。在非正常年份，由于天气等客观因素造成的种子质量不达标时，对不合格种子按商品粮价格进行转商处理，费用损失均由公司补给,部分损失可申请政府补贴。如 2009 年,公司在安徽省天长市安排 1000 亩杂交水稻制种,按正常年份计算当年可产种 20 万公斤。由于当年制种关键时期气候异常,造成田块减产,实收种子 10 万公斤,且种子水分、发芽率等指标不合格,无法作为正常种子使用,只能转商处理,当年商品稻价格为 2.92 元/公斤,而公司收购价格为 7 元/公斤,直接给公司造成经济损失 40 多万元。

2. 种子销售模式

目前,丰乐种业在种子销售方面主要采取"公司+经销商+专业合作社+粮食加工企业+种粮大户"模式,此模式以公司品牌影响力和优质产品为基础,将公司经济效益与经销商、合作社、粮食加工企业、种植大户的利益紧紧绑在一起,通过设定弹性灵活的定价机制和专业的技术服务等方式加强中间销售商的销售推力,以利润为杠杆,充分调动其积极性,共同参与市场竞争。公司综合考虑品种、销售总量、市场反应和规格等多方面因素,以有利于市场竞争为导向,制定单一产品的销售指导价格,原则上经销商应参照公司制定的指导价格进行销售。每年销售季节开始前,公司与各经销主体签订销售合同,在合同中约定其销售的品种、数量、规格以及预定金政策、提货政策和宣传促销政策等,对如何加强市场管理、配货、调货和退货流程、如何承担违约责任均有明确的规定。在销售季节结束后,公司根据销售数量的多少、预定金缴纳的时间、数额、退货率给予结算价格的优惠和超额完成销售任务奖励。

为做好种子销售工作,丰乐种业建立了经销商、种植大户、家庭农场档案,专门成立了技术服务部提供全程栽培技术指导服务,另通过 400 服务热线、手机短信、微信、网络平台等多种手段定期向种植户发送病虫害防治要点,及时提醒田间管理要点。公司每年还会配合当地经销商召集种植大户、家庭农场、合作社等,召开高产栽培技术及病虫害防治培训课,组织召开省级、县级、村级等新品种现场观摩会,让经销商和种植大户充分了解产品的优点和栽培要点。2014 年,公司还利用自身技术优势,并组织业内相关专家,在全国范围内对种植大户、专业合作社、家庭农场等新型农业经营主体开展"种植帮扶计划",免费提供四大服务:(1)年度种植计划。量身定做年度各作物的种植计划,合理安排作物轮作,按时间拟定各作物《农事操作流程》《技术操作规程》。(2)专业技术服务。提供作物生长各环节、关键时期和特殊情况下的技术上门服务,并通过手机短信、微信、网络等平台开展农事提醒服务。(3)轻简化栽培服务。根据区域气候特点及田块环境条件以及机械化、规模种植等,制订相应的种植定向栽培技术规程。(4)产业链服务。帮助联系相关加工收购企业,实现优质优价增收目标。此外,公司在提供优质种子同时,在玉米、小麦种子销售中还配套提供相关专用肥、专用药、"黄金伴侣"(矮壮素)、种衣剂等农资产品。据统计,2013 年共提供专用肥 2349.36 吨、农药 10 吨,种子的销量也远超同期水平。

三、存在问题

当前,以丰乐种业为依托的丰乐现代农业产业化联合体在实际发展中尚存在一些问题,主要包括:

第一,没有实现紧密的利益联结。完善的利益联结机制是现代农业产业化联合体经营的核心,然而在该联合体内,龙头企业、专业合作社、种植大户没有一个长期、共同的目标,契约的约束力不强,无法形成一个利益共同体,利益联结机制不完善、不牢固,农民获利较少,龙头企业和农户仍未实现风险共担、利益共享,不少地方仍停留在买断关系上,这是目前最为突出的问题。

第二,农民专业合作社发挥作用较小。当前农民专业合作社虽然发展较快,但大多数是近年成立的,尚处于初级阶段,缺乏工作经验,经营规模小,服务层次低,市场竞争力不强,合作社成员之间还没有形成紧密的联系,运营管理还达不到现代农业产业化联合体的要求。

第三,缺少专业化管理。随着农村劳动力大量外出打工和向非农产业转移,有田无人种和有人无田种的矛盾常有发生;再加上农村土地流转租金居高不下,基础设施如田间公路铺设、农田水利建设等配套设施不完善,缺乏精细化管理,为种子生产带来极大风险。

四、解决方案

农业产业化是农业发展的必由之路,而现代农业产业化联合体是推动农业产业化的有效手段与力量。要想快速构建有效的产业化联合体,需要各级政府以及联合体内部各经营主体之间共同努力、通力协作。

首先,需要完善相关政策,为联合体发展提供良好环境。在落实好现有各项政策的基础上,加大政策扶持力度,积极推动各级财政逐步增加农业产业化专项扶持资金规模;鼓励和引导龙头企业与农户、种植大户、家庭农场以及专业合作社建立稳定的产销协作关系和利益联结机制;继续优化农业产业化发展环境,加强政府规划引导,理顺联合体管理体制。

其次,应加强以龙头企业为主导的生产基地建设。优先扶持龙头企业进行土地流转和托管,加强以龙头企业为主导的紧密型、规模化、标准化种子生产基地建设。要在继续落实对重点龙头企业扶持资金、贴息等政策的同时,尽快研究扶持龙头企业基地建设的政策,引导和帮助龙头企业增加对基地建设中基础设施、检测设备、人员培训等方面的投入。

再次,要深入探索龙头企业与农户利益联结机制。一方面要大力推动专业合作经济组织与有关龙头企业开展平等主体间的合作,把龙头企业要求的产品质量安全标准和技术操作规程传导到农户;另一方面又要鼓励支持龙头企业参与创办农民专业合作社,使企业与农户通过专业合作社结成你中有我、我中有你的利益共同体,形成各具特色的产业带、产业链,推动"一村一品""一品一社"的发展,完善与各经营主体间"风险共担、利益共享"的长效利益联结机制,充分发挥龙头企业对联合体增收的带动作用。

最后,要积极培育发展农民专业合作社。农民专业合作社是联结龙头企业与基地农户的桥梁和纽带,又是组织农民开拓市场,进行生产经营活动的重要组织形式和带动力量。大力发展各类农民专业合作社,可以有效地降低龙头企业在基地建设过程中的组织成本和运作费用,维护农民的合法权益,要将农民专业合作社纳入支持范围,并在政策上给予优惠和倾斜,使之在农业产业化联合体中真正发挥其纽带作用。

第二节　加工营销导向型案例——槐祥工贸

随着农村青壮年劳动力大量外流和消费者对粮食等农产品质量的要求越来越高,尤其是国外农产品进口数量的增加,一家一户的传统生产经营模式存在诸多问题:一是在品种选择上,由于对品种特征特性等信息不了解,各家各户对品种的要求不一致,有的一个村种植的品种达3—4个,导致肥水管理、病虫防治、收割等农事操作难以统一进行,尤其是在收割上,成熟期不一致,小面积收割,成本明显提高;二是在生产资料选购上,一家一户选购,数量少,价格高,运费高,有的质量还难以保证;三是在技术指导上,由于各家各户所种品种在生育期、肥水管理等方面不统一,技术指导很难进行,尤其是病虫防治上,无法做到统一防治;四是在产品价格信息上,由于不了解市场行情,产品价格往往受制于粮食经纪人,尤其是收割时遇到阴雨天,粮食无法存放,农户在销售价格等方面基本没有话语权,由粮食经纪人说了算。而对于粮食加工龙头企业来说,原料全部来源于农业生产基地,在基地建设上也存在一些问题:一是订单生产难度大。企业直接与一家一户签订预约生产合同,工作量大,兑现合同难度大。由于粮食中介或其他粮食企业在生产基地建设上没有任何投入,他们能够以高于公司与基地农民所订价格收购,只要粮食中介或其他粮食企业价格略高于公司收购价,农民就不会兑现合同。二是原料质量难保证。由于同一区域种植的品种多种多样,单一品种较难做到集中规模生产,公司无法实行单独收购、单独加工、单独销售,最终影响产品质量的稳定性,影响产品的市场竞争力。

因此,无论是对于农民自身还是对于粮食加工企业而言,都迫切需要建立一种新型的农业经营组织形式,能够打破目前僵局、解决当下困境,促进农业产业化经营,提高农民组织化程度,促进农民增收,降低生产经营风险。这也是槐祥工贸公司积极帮助农民组建和发展合作社,再与合作社、种粮大户联合形成联合体的主要原因。本节通过对槐祥工贸公司创建巢湖市粮食产业化联合体的发展历程、经营管理模式、存在问题及解决方案等方面进行系统性分析,以期为加工营销导向型现代农业产业化联合体的发展提供参考。

一、发展历程

槐祥工贸公司成立于 1997 年,总部位于安徽省巢湖市,是国家财政投资参股的国有控股企业,注册资本 7340 万元。公司刚刚成立时以粮食订单生产和农作物良种培育等为主营业务,形成了"公司+农户"的经营模式。2006 年 8 月 18 日,槐祥工贸公司在有关部门的大力支持下,通过确定试点村和合作社负责人,拟定合作社章程,发展会员等途径,最终经原巢湖市居巢区工商局登记成立了巢湖市槐林槐祥有机硒稻米合作社,取得法人资格,初步形成了"公司+专业合作社+种粮大户"的经营模式。经过 8 年的发展,稻米合作社社员规模不断扩大,由当时的 50 人发展到现在的 560 人。2014 年,公司陆续领办成立了巢湖市粮食协会、巢湖市种子协会、巢湖市鑫宇良种合作社、巢湖市金源农机合作社,并与 25 个诚信度高的种粮大户建立了合作关系,共同成立了巢湖市粮食产业化联合体,形成了"公司+专业合作社+家庭农场+种粮大户"的新型农业经营组织模式。公司主导产业为良种、粮食和物流,良种产业包括农作物良种培育引进、生产示范和推广应用,粮食产业包括粮食订单生产、烘干收储、大米和糯米粉加工及经营,物流产业包括农产品、农用物资的物流配送。目前,槐祥工贸公司拥有员工 680 人,拥有大米加工、种业等 5 家子公司,现有土地面积 600 亩,拥有 5 条大米加工生产线,4 条糯米粉加工生产线,1 条种子加工生产线,3个粮食干燥中心,形成了集生产、加工、流通、销售及社会化服务于一体的现代化结构体系。

二、管理模式

自从1997年公司成立以来,经过多年的不断发展,槐祥工贸公司逐步建立起"公司+专业合作社+家庭农场+种粮大户"的新型粮食产业化联合体。槐祥工贸公司担任联合体的理事长单位,主要负责联合体的经营和管理,巢湖市粮食协会为其副理事长单位,其他合作社(协会)和种粮大会是其理事、成员单位,共同为巢湖市粮食产业化联合体的正常运营提供帮助和支持。槐祥工贸公司实行董事会领导下的总经理负责制,建立了包括股东大会、董事会、监事会、审计中心、经理层等完善的组织机构,对联合体采取"领办不包办,引领不领导,参与不干预,风险共担,利益共享"的管理方式,领办成立了与公司主导产业相关的粮食生产农民专业合作社。在领办过程中,槐祥工贸公司为合作社提供以下支持:一是提供部分启动资金,支持合作社服务部开展经营活动;二是争取相关部门支持,广泛宣传,发展社员;三是帮助建立组织框架,协助开展日常工作;四是利用公司人才、仓储设施及加工等方面的优势,以高于市场价收购合作社替社员与企业签订的订单产品。

联合体的经营管理模式主要是联合体成员单位之间通过签订粮食订单生产、提供配套服务等合同方式,确定联合体各方的责权利关系,通过生产经营利润的合理化分配,把龙头企业、农民专业合作社(协会)、种粮大户整合成利益共同体。具体来说:

第一,在契约签订方面,每年年初,集团各分公司根据上年度产品销售情况及从市场上搜集到的产品需求信息,结合公司发展规划和基地实际情况,拟定本年度生产计划,由各分公司与合作社、种粮大户等联合体成员签订生产经营合同,明确生产品种、面积、质量、收购方式、收购价格确定方法以及生产资料供应、技术指导等内容,合作社再将生产合同签订到每一个种植农户。在生产经营方面,联合体各成员单位根据合同约定,按照各自运营模式开展正常的生产经营活动。

第二,在社会化服务方面,公司为合作社(协会)和种粮大户提供以下三方面服务。一是统一供应农业生产资料。公司每年引进 30 多个水稻新品种,进行对比试验,为生产基地推广应用新品种提供科学依据。公司统一供应经试验和示范取得成功的品种。在收购时,根据品质情况,加价收购。公司积极配合市农委农业执法大队,加强化肥、农药等生产投入品的市场监管,着力推荐高效低毒低残留的生态安全农药,并与基地乡镇农村经济服务中心、农资经营户合作,在生产基地建立农用物资供应点,既方便了基地农民,又保证了农资安全和质量。二是驻点指导,推广配套技术。在生产过程中,公司按照每人负责指导 2 万亩的标准,选派技术人员驻点进行技术服务,并联合农委、基地乡镇农村经济服务中心,在基地建立病虫测报点,通过田头指导、手机短信等方式,定期发布肥水管理及病虫防治情报,推广农产品标准化安全优质高产生产技术,及时解决生产过程中出现的问题。三是兑现合同,及时收购。公司按每市斤高于普通品种市场价 3—8 分的价格收购达到质量标准的全部商品稻谷,不限收不压级压价,严格履行合同。公司承担从收购点至仓库的运输费用和加工储存销售等环节的市场风险。对水分超标的粮食由烘干合作社烘干后销售给公司收储。

第三,在利益分配方面,在产业化联合体内,各成员单位即经营主体通过交易联结、互助联结等方式,相互间建立利益联结机制。生产环节产生的利润和风险由合作社(协会)、种粮大户享有和承担。粮食收储、加工和经营环节的利润和风险由公司享有和承担。为加快合作社(协会)、种粮大户发展步伐,在产品收购时,公司尽可能提高收购价格,让利于联合体成员单位。通过联合体内的有效合作,公司建立了稳定可控的生产基地,合作社收入有明显提高,种粮大户土地经营实现节本增效,基本实现降低了生产成本和经营风险,优化了资源配置,提高了经济效益的目标。

三、存在问题

巢湖市农业产业化联合体成立时间较短、实践经验不足,在操作过程中存在如下四个方面问题:

第一,联合体尤其是合作社的领头人在群众中要有一定威信,还要有经济头脑和奉献精神,能够在为群众提供服务的同时,提高合作社经营效益,在市场经济和大家都在为挣钱而奋斗的情况下,像这样整体素质较高愿意为合作社无私奉献的人很少。

第二,联合体开展的各项活动,包括为成员提供的物资供应、统防统治、培训等配套服务都需要一定资金支持。目前,联合体资金主要来源渠道是国家项目资金、企业支持资金和经营服务利润。而国家项目资金量较少,企业支持和经营服务利润也是有限的,较难满足合作社开展活动所需资金。另外,由于合作社固定资产较少,无法提供抵押,缺乏信用评级,贷款较难,这在较大程度上影响了合作社的生存与发展。

第三,广大农民对联合体了解不多,对联合体的发展前景不清楚，扶持政策不多，宣传不够全面，没有形成支持联合体发展的合力，发展联合体的环境和氛围没有真正形成。

第四，由于当地及周边发展很好的联合体还不是很多，公司对联合体先进的运作模式还不太熟悉，缺少成熟的可借鉴的经验，这在一定程度上影响了联合体工作的开展。

四、解决方案

为推动联合体发挥其应有作用，应破解联合体在生产经营过程中遇到的困难，提出相应的解决方案。首先，加强宏观引导，营造宽松环境。联合体建立、巩固和发展，政府的指导和管理起着决定性的作用。建议相关部门帮助联合体制订发展规划；制订品牌农产品生产的标准，加强领头人和成员的培训等。在目前阶段，建议设立联合体扶持资金，通过给予贷款贴息、财政补助等方式，一是支持联合体内龙头企业开展农产品分级包装和标准化生产，提高农产品质量和销售价格，发展农产品初加工，提高农产品附加值，增加收入，创建自己的品牌，开拓产品市场。二是支持联合体内专业合作社，坚持入、退社自由，不管是由农民自己创办或由企业领办，不管采取怎样的方式进行联合，政府都鼓励其发展。三是支持联合体进行基础设施建设。通过扶持，培养联合体的带动力和市场竞争力，逐渐使其由"输血"变成"造血"，走上自我发展的良性循环轨道。最后，强化辅导培训，抓典型示范。建议选择一些有代表性的产业化联合体，尤其是特色产业、附加值高的产业、有一定技术含量的产业、需要集中规模化标准化生产的产业，进行重点扶持，除给予资金、政策支持外，组织相关专家对其进行必要辅导，在产业发展方向、市场开拓以及规范发展等方面进行咨询、指导、培训等,树立成功典型,示范带动更多联合体组建和成长。

第三节 生产供应服务型案例——天禾农业

党的十八届三中全会以来,中央提出了"以我为主、立足国内、确保产能、适度进口、科技支撑"的新形势下国家粮食安全战略,强调要坚守"确保谷物基本自给、口粮绝对安全"的战略底线,指出"把饭碗牢牢端在自己手上,是我们治国理政必须长期坚持的基本方针",粮食安全放在了所有农业问题的重中之重。破题之策,就是以解决地怎么种为导向加快构建新型农业经营体系。随着城镇化的进程,农民"脱地"已成为现实和趋势,对农业产业的影响就是"从分散化走向规模化""从传统经验农业走向现代科技农业""从小农经济走向大农业时代"。随着"落实农村土地集体所有权,稳定农户承包权,放活土地经营权,允许承包土地的经营权向金融机构抵押融资"的深化土地制度的改革,"谁来种地"和"怎么种地"成为当下农业工作的关键问题。如何实现国家粮食安全战略和促进安徽省农业现代化建设,天禾农业科技公司紧扣形势,抓住机遇,勇于创新,整合资源,首创中国第一个"粮食生产供应链生产要素资源集合平台",创新打造了"中国粮食生产供应链经营管理新模式",创新设计了金融机制实现对农业生产的支持和风险管控,创新解决了农业发展中"谁来种地"和"怎么种地"的顶层设计方案。通过对天禾农业科技公司的系统性分析,可以为生产供应服务型现代农业产业化联合体的发展提供有益借鉴。

一、发展历程

天禾农业科技公司是由安徽省种子总公司改制设立的,2006年,天禾农业科技公司改制重组,安徽省辉隆农资集团、安徽省农作物新品种引育中心和安徽省荃银农业高科技研究所参股天禾。2010年,天禾农业科技公司在郎溪成立了首家种苗运营中心,标志着正式实施"种子变种苗,种苗进农村"工程,首创了"四代一管"全新代耕服务模式。2011年,天禾农业科技公司在霍邱全县推进"四代一管"服务,在全省布局80多座育秧工厂,成立了50多家合作社,创建了"公司+专业合作社+农户"的农业经营模式。2013年,天禾农业科技公司创新农事服务新模式,建设了28家农事服务中心,构建了覆盖全省的农事服务体系,并联合家庭农场及专业大户,形成了"公司+社会化服务组织+专业合作社+家庭农场(专业大户)"的联合经营模式,天禾现代农业产业化联合体正式成立。

二、管理模式

天禾农业科技公司作为安徽省农业产业化龙头企业,创新发展了二元化现代农业,把农业生产二分为"农业生产组织管理"和"全程社会化服务",在国内首创粮食生产供应链管理新模式,发挥集团公司整合社会资源的优势,构建粮食生产供应链生产要素集合平台。比如,以信托模式流转土地,以粮食生产基地赢得粮食生产订单,以规模化获得农资(种子、农药、化肥等)供给的竞争优势,以量化取得社会富余的农机资源合作,以先进的经营管理模式得到银行和国元农业保险公司的大力支持,以科学发展的态度和世界一流的农业公司德国拜耳紧密合作解决制约中国农业发展的科学化难题。天禾农业科技公司在创建联合体的过程中,以"粮食生产组织与管理"委托授权方式与相关农业公司、专业合作社、种粮大户合作,以契约达成产业、要素、利益链接一体的新型农业经营组织形式,真正实现了全产业链下的现代农业生产,促进了农业生产规模化、集约化,扩大了农业经济效益。具体来说:

第一,选择合作伙伴,实现联合经营。天禾农业科技公司选择具有一定农业生产经验和组织能力的当地农业公司或种粮大户为其合作伙伴,授权委托其担纲"粮食生产组织与管理"(粮食生产车间主任的角色)。并协助合作伙伴在当地选聘村干部(村长、书记、民兵营长)担任公司生产负责人;选聘村里的种田能手(生产队长等)为公司员工负责田间管理;再成立专业服务队(由公司生产负责人和一群留守农民组成)做一些包括撒肥、插秧、播种、打药、除草等工作;培训员工和专业服务队,并帮助他们建立各种生产管理制度、作业流程,制定用工管理和成本控制结算机制等。通过一系列的分工,将小农经济作业模式转变成为大农业组织生产管理模式,实现了从分散经营到联合经营、集约化经营的转变。

第二,创新运营机制,解决规模化土地流转问题。2014年4月,天禾农业科技公司在来安县和叶集区分别流转了近万亩土地作为粮食生产供应链管理新模式的试点示范基地,短短两个月时间,要完成万亩土地流转和实现水稻安种,必须创新一套高效的运营机制作保证,只有与当地乡镇政府充分沟通并达成共识的情况下,才能保证在短时间内完成万亩土地的集中流转。天禾农业科技公司的发展理念得到了当地乡镇政府的高度认同,立即组织相关村干部听取和了解天禾发展现代农业模式的宣讲,并以与农户签署"土地流转委托授权书"的形式,迅速摸底农户土地流转的意愿和决心。在完成80%农户确认的情况下,与村委会签订"土地流转协议",乡镇政府做见证担保,公司把土地流转租金预付金转存乡镇政府财政所(此时就可以在流转的土地上进行农业生产)。在完成与农户签订"土地承包经营权流转合同"和田地丈量的工作后,乡镇政府与天禾农业科技公司意见一致时,向农户支付土地租金,完成土地流转。

第三,首创"四代一管"模式,为合作伙伴提供全程社会化服务。2009年,天禾农业科技公司在国内首创"四代一管"全程社会化服务模式,2010—2013年,公司在全省农业大县创建了天禾农事服务中心,该中心对各县种植大户提供科学种植方案及种植过程中农业机械、农业信息、农业金融服务,从粮食订单开始,进行产前农资农机供给,产中科技、金融、信息服务,产后的农产品流通及深加工服务,现已在全国率先打造粮食生产供应链样板。样板打造后,公司创建了"农业生产要素资源集合平台",把农业机械、农业信息、农业金融、粮食农产品流通贸易整合到这个平台上来,让农户在平台上找服务,让服务组织在平台上找客户,为天禾实现农业产业化经营提供了重要支撑。通过创建"粮食生产供应链生产要素集合平台",把集土地、订单、金融、保险、农资、农机、农技、农化、粮食收储等农业生产的关键要素资源汇聚整合,为合作伙伴提供全方位全程社会化服务。比如公司通过规模化土地流转方式获得土地经营权,为合作伙伴提供农业生产用地,土地租金由公司支付;天禾农业科技公司农机部门通过整合社会富余的农机资源,按照安种计划对田块进行安种前准备,对麦茬、稻茬秸秆进行深翻、旋耕、平耙、开沟等,对农作物进行机械收割;公司通过与银行构建信贷合作关系,保证农业生产的全程资金需求。

第四,与知名企业及科研院所合作,强化科技在农业生产中的应用。2014年4月25日,天禾农业科技公司和世界500强企业德国拜耳达成战略合作协议,引进应用拜耳"更多水稻"项目,与拜耳共同制定科学种植方案,应用种子处理技术、作物保护技术、农业生态保护技术等,促进粮食生产向"稳产、高产、优产"迈进。比如2014年小麦收割后严禁秸秆焚烧,天禾农业科技公司就把3000多亩麦茬田秸秆深翻到土壤中,机插秧水稻后出现因秸秆深翻后造成的大面积秧苗"沼气"中毒,紧急使用拜耳的农药"安泰生"和技术,迅速缓解苗情,并且促进分蘖和生根,使优质品种"天协一号"的高产得到保证。使用拜耳技术用药量和用药次数减少50%,同时产量提高,品质提升,垩白粒下降,糙米率、精米率和整精米率均有明显提高。以前产量为450—600公斤/亩,采纳了拜耳方案后产量为550—700公斤/亩。天禾农业科技公司与中科院合肥物质研究院和中盐红四方合作,大力推广应用具有完全自主知识产权的世界一流的控失化肥技术和产品,基本做到一次基肥不追肥或少追肥,大大降低劳动力成本和用肥成本,不仅促进粮食增产增收,而且大大减少化肥养分的流失,减少农药面源污染,促进农业生态环境的保护。

第五,在联合体内部形成紧密的利益共享、风险共担机制。天禾农业科技公司与联合体内的家庭农场和专业大户订立了农产品收购协议,以每斤高于市场批发价0.05元的价格回收农产品,并实行保护价收购。公司投入包括土地、农资、农机、资金等全部粮食生产资料,不需要合作伙伴对粮食生产进行资金投入,双方对生产成本进行共同确认,并各获得利润的50%分红权。公司通过规模化土地流转方式获得土地经营权,为合作伙伴提供农业生产用地,土地租金由公司支付。通过与银行构建信贷合作关系,保证农业生产的全程资金需求,联合体内各经营主体若在资金方面遇到困难,都由公司以借支的方式支持。天禾农业科技公司与国元保险公司不仅在政策性保险方面进行业务合作,更是在商业保险部分进行大胆合作尝试,本季水稻保险保额在政策性 330 元/亩的基础上,另增加商业性保险保额 270 元/亩,综合保额达到 600 元/亩。从 2014 年小麦季开始,天禾综合农业保险保额将达到 930 元/亩,基本能够涵盖农业生产成本,大大减少了因气象灾害和病虫害对农业造成的风险损失。联合体内的农民合作社承担粮食生产的组织与现场管理,我们在授权委托农民合作社时,双方达成合作社拿出 100 元/亩的生产管理风险保证金,以此促进和约束其强化粮食生产的组织与现场管理,减少粮食生产的人为风险。

三、存在问题

当前,以天禾农业科技公司为核心的产业化联合体在农业生产实践中仍存在诸多问题与难点,不少限制条件制约着其健康稳定发展。主要包括:

第一,农业基础设施条件差,机械化耕作难度较大。天禾农业科技公司流转的农田无法达到标准,因过去农业投入不足,农田基础条件比较差,沟、渠、路很多没有配置到位,无法适应机械化生产要求,农田基本建设和整治任务重,资金需求量大。联合体形成后,天禾农业科技公司虽然对流转地块的道路、沟渠等进行了初步修建,但与现代化、机械化生产相比,仍有很大差距。

第二,合作社运行不规范,纽带作用有限。联合体内的合作社能够按照合作社法进行规范运作的较少,大多合作社自身运营极不规范,缺乏专业的管理人员。而本身就不规范的合作社连接龙头企业与传统大户、家庭农场能力欠缺,提供服务的范围和水平不高,不能完全满足现代农业发展需求。

第三,农户科技素质不高,产业基础不牢。农村严重的结构性、素质性劳动力短缺问题日益严重,联合体中的农户和家庭农场主年龄偏大,生产基地年龄最大的生产队长为 76 岁,男性平均年龄达到 55 岁,女性平均年龄不低于 45 岁,他们接受教育程度相对偏低,70%以上的农户是文盲,科技种田能力普遍不高,精细规范的生产管理难以到位,农产品安全、标准得不到保障。

第四,农业生产保障能力不强。当前的政策性农业保险针对一家一户的小农生产是有效的,因为他们没有土地租金和用工费用的成本压力,只存在多赚少赚的问题,政策性保险基本能够满足生产资料的投入成本。但是对规模化农业生产的农业公司或种粮大户,由于土地租金和巨大的劳动力成本,仅当前的政策性农业保险远远不能满足企业的风险控制需求。

四、解决方案

针对天禾农业科技公司在创建产业化联合体过程中所遇到的问题,应采取如下解决方案以推动联合体健康稳定发展。首先,应坚持土地谁流转谁使用谁整治的原则,大规模流转土地的面积不得低于 5000 亩,由流转方按照国家要求制定整治规划报批,流转方先行支付土地整治资金,整治后土地自行使用(土地流转合同明确规定不得转租),政府对整治土地验收合格后,再支付土地整治资金,以奖代建,先建后补。其次,工商部门要协同农业部门加强对联合体中合作社的培训,增强其规范运行、市场化运作的能力。通过项目投放和政策补助的方式,支持合作社为专业大户(家庭农场)提供育插、机耕、病虫害统防统治、收购等各个环节的社会化服务。再次,财政等部门要把惠农补贴增量部分切块支持参与联合体的专业大户(家庭农场),要开展定向培训,提高农户科技种田能力和产业标准化生产水平,培训内容应由各联合体参与主体协商决定,培训项目可由龙头企业或合作社承担,要减少中间环节,确保培训实效。最后,政府应针对种粮大户和农业公司加大政策性保险投入,提高保额,甚至可以采取"以保带补"的模式,促进大规模的现代农业发展;同时,政府可以通过补贴的方式,鼓励农业公司更多使用农机装备解决劳动力严重不足的问题。

第四节　收储延伸保障型案例——凤台粮食银行

在全国粮食流通体制改革、全省农村金融综合改革试点县和全国粮食生产先进县的三大背景下,2012年下半年凤台县在省、市领导和相关部门的关心支持下,谋划提出粮食银行设想,通过多次外出学习考察、调研论证和制度设计,2013年6月正式创建粮食银行。粮食银行坚持"依靠政府信用、遵循市场法则、运用金融手段、赋予粮食货币功能、探索粮食流通机制创新、解决农民种粮后顾之忧"的指导思想,以"自主、自发、自费"的方式开展改革试点,积极探索实践,成为凤台农村金融综合改革一大特色。目前,粮食银行运行顺利,受到农户、加工企业欢迎,显示了很强的生命力,取得了阶段性成效。本节通过对凤台县粮食银行的系统性分析,探索其在经营管理过程中的成功经验和所遇到的问题,以期为收储延伸保障型现代农业产业化联合体的发展提供参考。

一、发展历程

1.创建背景

（1）粮食存储和保值增值问题。凤台是产粮大县，全县粮食种植面积124.4万亩，2013年粮食总产57.1万吨，是淮河流域粮食生产主体功能区之一，是优质粮和鲜活农产品的主产区。但是，在粮食储存流通方面存在一些问题。一是农户自己存粮损失大。目前，农户粮食储存方式主要以蛇皮袋包装堆放，袋子易破损，粮食易遭虫蛀、鼠食、受潮霉变等。刚收割粮食特别是水稻，含水分在30%左右，由于缺少晒场，要么堆放变质，要么低价被动销售。据国家粮食局调查，农户自己存粮，年损失率在8%—10%，现仅以全县粮食年总产粮1/10的6.5万吨存粮量计，年损失量在0.52万—0.65万吨，相当于1.3万—1.63万亩地的小麦产量（单产按800斤计）。二是粮食保值增值难。在粮食收获时节，农民没有了做晒场的习惯，也不愿或无力将收获的粮食运回家自己储存，种了收、收了售，不择时机、不择价位，被动盲目处置粮食的比例较大（约占所有种粮农户的90%），产生了增产难增收的现象。

（2）城镇化发展问题。随着城镇化进程加速推进，农民对土地的依赖性不断减弱，外出务工农民不断增多，"农闲在城里、农忙在村里"已经成为常态。特别是受到采煤塌陷搬迁安置影响（截至2012年底，凤台县已经形成采煤塌陷土地10万亩，涉及8个乡镇、2.34万户、7.49万人。并以每年1万亩的速度递增，预计到"十二五"末，采煤塌陷土地13万亩，涉及3万户、10万人），城镇化进程加快。当前，凤台县粮食种植已经实行全程机械化，农业社会化服务（供种、供肥、旋耕、播种、排灌、防治、收割）快速发展，但是粮食仓储环节还未打通,可供外出务工农民科学处置粮食的渠道较少。

(3)国有粮食企业可持续发展问题。在国有粮食系统,设置有凤台县粮食局,为县政府直属机构,同时还成立有凤台县金灿粮食购销有限责任公司和凤台县军粮供应站,基层下辖8个基层公司和1个储备库(皆隶属于金灿公司)。全系统现有工作人员250多人,拥有仓容近20万吨,其中有效仓容15万吨。但是,面临着人员下岗、设备闲置、危仓老库等问题,迫切需要通过改革来实现可持续发展。

(4)粮食加工产业发展问题。截至2013年底,全县粮油类加工入统企业42家,其中县级以上龙头企业28家、省级11家,实现总产值超30亿元,占地方工业总产值70%左右。培育国家地理标志1个(朱马店糯米),创建省级知名商标4个、市级22个、无公害农产品38个、绿色食品13个、有机食品2个、省级放心粮油加工企业3家、省级放心粮油供应企业1家、国家级放心粮油加工企业1家,以"桂顾马尚"为中心的粮油加工产业集群已经形成。但是贷款难、购粮难、建仓难和保管难等问题,已经成为制约粮食加工企业和粮食产业发展的主要因素。

2. 创建过程

凤台粮食银行从2012年下半年开始酝酿构思、调研座谈、制定方案到组织实施,经历2年多时间,其中经营运作有1年多时间。整个过程大致分四个阶段:

第一,学习考察阶段(2012年下半年至2013年2月底)。实地考察了江苏太仓粮食银行,学习研究了黑龙江省北大荒粮食银行等典型,对粮食银行的概念进行构思。

第二,调研座谈阶段(2013年3月)。组成若干小组,带着课题,选择普通种粮农户、种粮大户、农民专业合作社、基层国有粮企、粮食加工企业、乡村干部代表等群体,进行了广泛调研,结合外地经验,对粮食银行进行了路径设计。

第三,方案制定阶段(2013年4月至6月底)。由县金融办牵头,县粮食局、人民银行、农行、农委、供销社、商务局等多家单位参与,共同起草了粮食银行方案,先后召开会议40多次,反复修改30多次,2013年6月方案出台。

第四阶段,实际操作阶段(2013年6月至今)。坚持边推进、边总结、边探索、边完善的工作思路,不断总结提高,稳步示范推广。

3. 工作成果

(1)建立了运营管理制度。制定了《凤台粮食银行工作实施方案(试行)》(凤政办〔2013〕74号)、《关于印发凤台粮食银行工作实施细则的通知》(凤金改〔2013〕9号)、《关于印发凤台粮食银行风险防控应急预案(试行)的通知》(凤金改〔2013〕10号)、《关于推进2014年凤台粮食银行工作的实施意见》(凤政办〔2014〕3号)等政策文件,建立了一整套运营管理制度。

(2)搭建了服务网络体系。全县布设各类服务网点73个,其中粮食收存点32个、供销部门物品兑换点14个、农业部门社会化服务兑换点12个、商业部门商品消费点3个、粮食部门粮油兑换点2个、农行服务点10个,软硬件可满足存粮农户相关需求。

(3)实现了初步规划目标。截至2014年8月底,凤台县全县累计收存粮食近3.8万吨,其中开展贷粮业务9笔、5000吨,累计促进农民增收1000万元;解决了粮食加工企业1200多万元的融资困难,减少粮食加工企业银行贷款利息支出约50万元。新增就业岗位100个,支付基层企业各种费用450万多元。

(4)带动了配套项目建设。成立了县粮食质量检验监测中心,积极申报"郑州商品交易所凤台交割库"。与中证公司合作,开展期货业务。促进了现代粮食物流产业园建设,新增了烘干项目。2015年新增县级储备粮5000吨,并通过粮食银行经营运作,每年进行均衡轮换,服务粮食加工企业。

4.经济社会效应

第一,解决主体实际难题。对于农户,尤其是种粮大户、家庭农场,增产后晒粮难、存粮难等问题非常突出,粮食银行通过集中专业收储,有效化解此类难题。此外,粮食银行与县农业银行合作开发一种"订单贷款"新模式,农户可将存粮折作质押,获取担保贷款,把粮食由原来的"死"资源变成为"活"资本,解决了融资难、保值增值和持续增收问题。对于粮食加工企业等经营性实体,通过贷粮和担保贷款功能的实现,解决其粮源难、融资难、建仓和保管成本高等问题。对于粮食银行自身(国有粮企),有效解决人员下岗、设备和仓库闲置等问题,促进企业可持续发展。

第二,促进了农业产业化经营。粮食银行搭建起粮食生产者和加工企业间的桥梁,搞活了粮食生产、运输、存储、加工等市场环节,促进了种粮大户、家庭农场、农民合作社、农业产业化龙头企业等新型农业经营主体发展,促进了现代农业发展。

第三,保障国家粮食安全。粮食银行分担了国家粮食储备体系部分保粮责任,一定程度上减少了中央财政在保障粮食安全方面的支出,是对国家粮食储备体系的有益补充。大批粮食存放在国有粮库,有利于政府掌握粮源,特别是遇到突发性事件,需要应急、救灾或平抑粮价时,可以发挥"短平快"的作用,为国家粮食安全提供有力保障。

二、管理模式

粮食银行是按照商业银行经营货币的思路,吸纳存粮户(简称农户)存粮,农户凭在粮食银行和农业银行办理的"存粮折"和"存粮卡"(银联卡),自由选择消费的一种新型粮食经营模式。粮食存入粮食银行,粮食所有权在农户,经营权在粮食银行。服务对象主要是一般种植农户、种粮大户、家庭农场主等群体,实行免费存粮服务。同时,对农民专业合作社、农民股份合作社、粮食经纪人和粮食加工企业等经营性实体,实行有偿代存等服务。农户凭持有的存粮折(卡),享有续存、转存、兑现、兑换、取粮、担保等权益。加工企业等经营性实体,可享受代存、贷粮和担保等服务。组建凤台县凤禾农业发展投资有限公司(注册资金 2000 万元,拥有资产 1 亿元),作为县粮食局下属国有独资企业,具体负责粮食银行经营运作。

粮食银行的收益主要有四个部分:一是息差和价差。利用存粮总量 70% 的粮食,积极向粮食加工企业开展贷粮或拍卖业务,获得息差和价差。二是利差分成。当粮价上涨时,部分农户转存,粮食银行与农户五五分成,获取利差。三是服务费。在农户发生兑换服务时,粮食银行向兑换点收取营业额 1% 的服务费。对合作社、经纪人、加工企业等经济实体收取的粮食代存费。四是服务增值收益。积极申办交割库,多渠道增加粮食银行服务收益。

粮食银行既像商业银行,又有别于商业银行,因为粮食是"活性"物质,有体量大、收存季节性强等特点,经营风险点较多,运营中主要通过设置五道安全阀,解决粮价大幅上涨和大幅下降带来的粮食与资金集中挤兑风险。第一道安全阀是存粮储备。粮食银行至少保持30%的仓储保有量,防控粮食挤兑风险。第二道安全阀是县级储备粮。主要用来应对因粮价大幅上涨引起的粮食挤兑风险。第三道安全阀是贷款保证金。设立2000万元的粮食银行贷款保证金,合作银行按照大于5倍的放大比例,提供担保贷款,防控资金挤兑风险。第四道安全阀是风险基金。设立了风险基金,县财政每年拿出不少于200万元资金,用于补贴粮食保管费和利息支出。第五道是期货。通过在期货和现货市场上进行"反向操作",降低价格波动带来的风险。另外,凤台县积极争取将粮食银行业务纳入政策性保险范畴,分担经营风险。

相比江苏太仓粮食银行、黑龙江北大荒粮食银行等粮食银行,凤台县粮食银行主要特点有:一是定位准确。以社会效益为主,开展政策性、服务性、惠民性经济活动。二是合力推进。坚持"政府主导、部门参与"原则,银行、农委、商务等多家单位共建共赢,不是粮食部门或粮食企业一家在唱独角戏、跳独脚舞。三是功能齐全。通过给粮食银行加载金融服务功能,提高了粮食资产流动性,具备八大功能,超越传统粮食银行"两代一换"(即代储存、代加工,物与物的兑换)服务范畴。

三、存在问题

凤台粮食银行在实际经营过程中,主要存在以下四方面问题:一是影响力还不强。粮食银行经营运作仅一年多时间,群众的认知度还有待深化,从传统的"售粮",到现在的"存粮"习惯的转变需要一个过程。另外,对于一般种植户来说,粮食收入在家庭总收入中所占比重仅为10%—15%,粮食银行带来的增收份额不大,存粮积极性不高。二是抗风险能力较弱。粮食银行运行的主要收益来源是粮食存贷息差和粮价上涨时农户转存粮食产生的利息分成,当粮食价格平稳或下降时,仅靠存贷息差不足以支付粮食银行运营成本,容易产生亏损。三是粮食银行自身问题。经营粮食银行与经营银行本质上是一致的,受到人才、资金和管理等因素制约,都有一定的经营风险。四是粮食储存安全问题。目前,凤台县各收存库点多是1980年代以前所建,全县20万吨仓容,分布在30多个库点中,小、散、乱、旧现象普遍,安全保障性差。

四、解决方案

针对粮食银行在实际经营过程中存在的问题,应采取以下措施加以解决:一要积极稳妥推行粮食银行工作。在托市粮收购政策还存在的情况下,选择与凤台县情类似地区试行"粮食银行"工作,总结经验后逐步推开,作为托市粮收购政策弱化或取消后的承接和替代。二要科学控制政府储备总量。适当减少国家级粮食储备(特别是临时储备)数量,同时增加地方各级政府粮食储备数量,确保国家粮食安全底线。把原有临时储备和部分社会储备整合到"粮食银行"库存中,保留30%存储基数,70%的部分进行市场化运营,减轻中央财政压力。三要改革粮食补贴发放方式。坚持"谁种粮、谁享受补贴",群众交售一定数量的粮食后方可领取补贴(包括政府储备和粮食银行)。流转土地的,补贴应发放给土地承租方,切实保障粮食生产者利益,调动其粮食生产积极性。同时,将粮食补贴等支农资金发放主体和渠道与粮食银行业务进行捆绑,促进粮食银行发展。四要加大各级政府财政扶持力度。取消或减少托市粮收购政策后,建议中央财政从原来补贴托市收购的资金中拿出部分资金,专项用于扶持粮食银行发展,"先行先补,以奖代补"。省、市、县也应从"粮食生产风险基金""产粮大县奖励资金"中,切块用于补贴粮食银行工作。五要将粮食价格保险纳入政策性保险。保监会要突破创新,探索粮食银行运行业务中的价格保险制度,同时加大财政补贴力度。

本章在安徽省 600 多家粮食产业化联合体中分别选取丰乐种业、槐祥工贸公司、天禾农业科技公司和凤台粮食银行作为典型案例,通过对四家企业创建现代农业产业化联合体的发展历程、管理模式、存在问题及解决方案四个方面进行系统性分析,以期分别为粮食产业化联合体中比较典型的种子繁育引领型、加工营销导向型、生产供应服务型和收储延伸保障型联合体的发展提供参考。

第九章　研究结论与展望

第一节　研究结论

在中外农业经营组织理论研究和创新实践经验总结的基础上,从规模经济、交易费用、专业分工和利益博弈四个理论视角分析现代农业产业化联合体产生的机制,创新提出现代农业产业化联合体的实践范式;结合现代农业经营组织发展实际,提出现代农业产业化联合体分类标准;依据现代农业产业化联合体龙头企业——双福集团的实地调研数据,理论和实践相结合,验证现代农业产业化联合体的实践范式;在对安徽省粮食产业化联合体发展总体情况深入分析基础上,提出了安徽省粮食产业化联合体发展模式和政策建议;分别选取丰乐种业、槐祥工贸公司、天禾农业科技公司和凤台粮食银行作为典型案例,系统性分析四个现代农业产业化联合体的发展历程、管理模式、存在问题及解决方案等。全书通过理论研究和实践检验,得出两个主要研究结论:一是现代农业产业化联合体是农业组织形式创新,是与现阶段农业生产力发展水平相适应的,符合农业产业经济发展规律,有深刻的理论内涵;二是现代农业产业化联合体实践范式具有可操作性和推广价值,为政府出台扶持政策提供了决策参考。

一、现代农业产业化联合体是农业组织形式创新

本书分析指出,我国正处于经济社会发展转型期,全面深化改革攻坚期,也是农村综合改革的关键阶段。发展现代农业制度基础是构建集约化、专业化、组织化和社会化相结合的新型经营体系,其核心是创新农业产业经营组织形式。我国农业生产经营组织形式,随着农业经济发展,呈现出阶段性变革,产生了不同的组织形式。相较而言,现代农业产业化联合体解决了龙头企业、专业合作社、家庭农场和专业大户在要素、产业、利益链接上不紧密,以及如何分享加工、流通等服务环节利润分成等问题。作为一种新型的组织联盟,农业企业有了稳定的原料供应渠道,产品质量安全有了保障,家庭农场基本解决了技术、资金、市场、社会化服务等问题,合作社有了稳定的服务对象,几大主体以契约形式结成稳定的交易关系,建立紧密的要素链接、产业链接、利益链接,促进一、二、三产业融合发展,大大降低了风险,形成分工合作、优势互补、互惠互利的新型农业经营方式。可以说,现代农业产业化联合体真正实现了从生产经营合作拓展到要素合作,从松散型合作走向紧密型合作,在相互博弈中实现利益最大化,是农业生产经营组织创新的最新形式。

二、现代农业产业化联合体符合农业产业经济发展规律

本书分析指出,现阶段,我国农业经营方式正在呈现出新的阶段性特征:一是土地流转、入股、托管等加快发展,多种形式的适度规模经营比重提高;二是新型农业经营主体加速发育,专业大户、家庭农场、农民专业合作社、农业龙头企业、农业社会化服务组织

等蓬勃发展,成为现代农业发展的主力军;三是农业社会化服务体系不断完善。新形势新特征下,传统的小农生产、分散的单个主体经营,已跟不上现代农业社会化大生产、专业化分工协作的步伐,而现代农业产业化联合体作为农业生产经营组织形式创新,满足了农业经济发展的组织需求。

三、现代农业产业化联合体具有可操作性和推广价值

本书提出现代农业产业化联合体的实践范式,即在产业链或价值链基础上,不同的新型经营主体,如龙头企业、专业大户、家庭农场、专业合作社和传统农户,通过签订不同阶段不同性契约,形成紧密型生产经营联盟。在组织内部,联合体坚持要素链接、产业链接和利益链接;针对外部环境和外部组织,联合体努力满足三个条件,即充分性、适宜性和有效性,符合一个现代农业经营组织的内外标准,在理论上是成立的和完善的。通过安徽省双福集团实证分析,验证了实践范式的科学性和可行性。安徽省粮食产业化联合体的发展,也是基于实践范式的应用,从更大的范畴上证明了现代农业产业化联合体具有可操作性和推广价值。

第二节　研究展望

一、现代农业产业化联合体研究范畴拓展

1. 扩展现代粮食产业化联合体应用领域

联合体可按照行业、运营模式、组织形式等多个标准来分类。按照行业类别,联合体既有种植业、畜牧业、渔业、林业和休闲农业

等某一行业的联合体,也有农、林、牧、渔融为一体的综合性联合体。在行业联合体再分子行业,如种植业再分粮食、茶叶等。按照粮食行业运营模式分类,联合体可分为种苗繁育引领型、加工营销导向型、生产供应服务型和收储延伸保障型等。按照组织形式,联合体可分为"龙头企业+合作社+家庭农场(专业大户)""龙头企业+家庭农场(专业大户)""龙头企业+联合社+家庭农场(专业大户)"等类型。

发展什么样的联合体,在借鉴粮食产业化联合体模式基础上,各地必须依据行业经济市场发育情况因地因时制宜,要注意现有范式与本地资源禀赋有机结合,探索适合本地本行业特色的农林牧渔联合体运营和组织模式,不能照搬照抄。

2. 探索现代生态农业产业化联合体发展模式

生态农业是现代农业发展的方向。习近平总书记多次强调,"绿水青山就是金山银山"。2016 年 4 月,习近平总书记视察安徽时指出:"安徽提出的以生态农业为抓手,推进农业现代化,这个路子是正确的。"农业部等八部委明确了农业"一控两减三基本"的目标,坚持数量、质量、效益并重,促进现代农业转型升级。2016年中央一号文件强调,要加快转变农业发展方式,走产出高效、产品安全、资源节约、环境友好的农业现代化道路,实际上就是生态高效的现代农业。时代呼唤着生态农业,现代农业的未来方向就是生态农业。

现代生态农业产业化,不同于传统意义上的生态农业。一是突出现代理念,由自给的封闭小循环到外给的开放大循环,由传统的一家一户小规模生产到现代社会化适度规模生产。二是运用现代管理、现代技术等要素,让农业播下绿色种子,插上科技的翅膀,借助资本的力量,在互联网的天空自由翱翔。三是以产业化方式来推进,通过龙头企业组织生产经营,落实到具体产品上,以效益为中心,开发优质优价的生态农产品,推动农业产业经营与生态良性循环互动。也就是说,现代生态农业产业化,以市场为导向,以生态系统原理为基础,以现代科学技术和物质装备为手段,以品牌化、组织化、规模化为重点,实现生态效益、经济效益、社会效益有机统一,形成产加销一条龙、贸工农一体化的产业经营形式。

实践层面,安徽正着力打造生态文明建设样板。在现代农业建设上,重点是以现代生态农业产业化为抓手,积极探索构建现代生态农业产业化产品、企业、产业三个生态圈为一体模式。一是以品牌化运营打造产品生态圈,探索建立农产品产地环境、生产过程、加工流通、消费全程可追溯体系,提升全价值链。二是以联合体组织打造企业生态圈,以农业企业、农民专业合作社、家庭农场以及种养大户为主体,创建一批生态企业、生态农庄和生态农场,打造全产业链紧密型企业联盟。三是以复合式循环打造区域产业生态圈,通过植物生产、动物转化、微生物还原的循环生态系统,推进种养加、贸工农一体化,实现地域范围内的复合式循环,即构建以企业为单元的生态小循环、以示范园区为单元的生态中循环、以县域为单元的生态大循环,实现"一控两减三基本"目标。

联合体在现代生态农业产业化建设上起着承上启下的作用。联合体组织的企业生态圈居于"三圈模式"的中间位置,内含产品生态圈,外接区域产业生态圈。通过联合体推进一二三产融合、产加销一体,实现生态小循环、中循环、大循环,促进生态农业发展。

因此,在现代农业产业化联合体研究的基础上,重点拓展到对现代生态农业产业化联合体的研究。

3.推进"互联网+联合体"融合发展

"互联网+"为联合体带来了全新的发展机遇,通过移动互联网、云计算、大数据、物联网等技术,建立联合体内信息共享平台,可以大大提升农业生产、经营、管理和服务水平。

在农业生产方面,在一些基础条件较好的种植区域,实施测土配方施肥、智能节水灌溉、农机定位耕种等精准化作业,加快农机农艺农信融合,提高农业生产经营的机械化、智能化水平。

在经营管理方面,加强产销衔接,推动农业生产流通销售方式深刻变革,形成一批新业态、新模式。借助信息化手段,为农民提供物化技术、品牌经营、质量安全、产权交易和融资保险等服务,提升农业生产效率和增值空间。

在农产品质量安全方面,适应农业生产导向到消费导向的转变,加快构建农产品质量安全可追溯体系,扩大追溯体系覆盖面,提升农产品品牌认可度,实现优质优价。

4.探讨新型农业经营主体联合趋势

提高农业质量效益和竞争力,必须加快构建以农户家庭经营为基础、合作与联合为纽带、社会化服务为支撑的立体式复合型新型农业经营体系。构建新型农业经营体系,必须和生产力发展水平相适应,组织体系发展演变是个动态过程。

从农业产业组织架构来看,区域农业产业组织体系中主体包括行业协会、龙头企业、农民合作社、家庭农场(专业大户),一般职责分工为,行业协会为管理主体,龙头企业为市场主体,农民合作社为服务主体。联合体是居于行业协会和新型经营主体(企业或合作社法人)之间的紧密型组织。

从新型农业经营主体的联合方式来看,一种是松散型联合,如行业协会等；一种是紧密型联合，如联合体，虽不是法人主体，但以契约形成要素、产业和利益的共同体，是介于行业协会与单个主体之间的紧密的组织联盟。

从联合体发展趋势来看，现阶段联合体在核心龙头企业的带领下，以家庭农场（专业大户）为依托，以合作社为纽带，打造农产品品牌，有利于农业增效、农民增收和企业增利，与生产力发展水平相适应，符合农业产业经济发展规律。从未来联合体发展趋势来看，一是未来联合体内龙头企业、家庭农场和合作社之间可以相互参股，由契约合作走向股份合作，由紧密型组织联盟发展成企业；二是未来联合体内家庭农场可以组建合作社；三是未来联合体内合作社可以组建联合社。

二、现代农业产业化联合体研究方法创新

1. 多学科融合

现代农业产业化联合体是现代农业发展在特定历史阶段的必然产物，存在普遍性。人类社会的发展史实际上伴随着农业的演进史，农业的发展历史是多维的、复杂的，包括自然条件与农业相互关联关系、土地资源与产业以及社会制度安排、城乡利益关系等。这些关系随着农业发展的阶段性变化也呈现出规律性的变化。现代农业产业化联合体正是中国在解决城乡差距和"三农"问题以及城乡统筹阶段，城乡要素、产业、空间和制度融合情况下产生的，是一种复杂的经济社会现象。

对于现代农业产业化联合体的研究，需要采用正确的技术路线、合理的研究方法。目前，基本上是从单一的产业经济学科视角对其进行研究，并且研究方法缺乏系统性和综合性，因此应该鼓励

研究方法的创新,从经济学、生态学和管理学等多学科视角来进行研究。一是要注重案例的实证研究,即在一般性研究的基础上,分别选择典型区域、典型现代农业产业化联合体,进行实地调查研究,通过比较不同地区的现代农业产业化联合体地域差异,提出政策措施,并为其他具有相同地理条件的地区提供参考。二是尝试开展空间分析。现代农业产业化联合体实质是人口、产业、土地、组织、文化等诸多因素在城乡之间空间组合的结果,目标是实现空间均衡发展,即实现人口、经济、资源环境协调发展,需要采用空间均衡分析来研究其空间演化过程。

2. 现代农业产业化联合体实证研究

国内外都经历了"公司+农户""公司+基地+农户"和"公司+农民专业合作社+农户"等多种模式的演变历程,现代农业产业化联合体是现代农业组织的创新。如果按照产业组织形式和经营模式等划分,现代农业产业化联合体经营管理模式各不相同,农业发展的地域性、阶段性差异明显,现代农业产业化联合体差异性突出,使得中国现代农业产业化联合体更加纷杂。现代农业产业化联合体实证研究就是选择工业化、信息化、城镇化和农业现代化进展不同的地方,以及典型产业和产业新型业态进行综合、系统案例研究。相比较而言,一是要研究经济较为发达,工业发展水平、农业集约化水平和技术水平以及装备水平较高的地方;二是研究耕地资源丰富,土壤肥力较好,适宜大面积种植业,但农业集约化水平、技术水平和装备水平较低的地方;三是要研究耕地面积较少,但特色资源丰富的地方。所以,各地的现代农业产业化模式复杂多样,需要实证的个案研究。实证研究丰富了现代农业产业化联合体研究内容,使得研究本身更加生动,富有活力,不仅有利于现代农业产业化联合体内涵、特征、动力和影响的界定,有利于中国特色现代农业组织理论的形成,也为中国农业个性发展提供有益的参考。

3.中外现代农业组织比较研究

中外现代农业组织比较研究包括国际比较研究、不同区域(或类型)中外现代农业组织比较研究以及不同动力机制下城市化比较研究等。开展中外现代农业组织的国际比较研究,借鉴国外现代农业组织研究的理论、方法和成果,分析不同国家和地区的现代农业组织的不同形态和演进规律。中国地域广阔,东、中、西和东北老工业基地四大地带差异明显,现代发展的自然条件、历史条件和社会经济发展水平不同。内陆地区具有丰富的自然资源,但经济发展相对落后,发展现代农业对于加快城市化进程和带动区域发展具有重要的作用,因此,要在资源环境可承载范围内,重点研究现代农业在吸引投资,提高农民收入,增加就业机会,促进经济增长,推进就地城镇化,从而推进经济和社会全面发展的作用。东部工业地区应以现代农业发展与城市发展的互动研究为重点,主要研究都市农业、近郊农业,侧重现代农业发展对于城市发展和功能完善的作用和贡献的分析。对于东北老工业基地,应当对现代农业发展的主要作用进行重点研究。另外,就世界范围内来说,社会经历过农业基础型、工业推进型城市过程,正在向第三产业优化型发展,现代农业作为融合一、二、三产业的基础产业,在社会发展过程中角色非常重要。不同动力因素作用下的社会动力机制、过程和影响有着很大的差异,通过对不同阶段现代农业组织研究的理论和成果进行归纳比较,区别现代农业发展在不同阶段所具有的特殊性和差异性,可以为中国现阶段经济社会发展提供战略选择依据。

本章对全部研究进行归纳总结,得出两个主要研究结论:一是现代农业产业化联合体是农业组织形式创新,是与现阶段农业生产力发展水平相适应的,符合农业产业经济发展规律,有深刻的理论内涵;二是现代农业产业化联合体实践范式具有可操作性和推广价值,可以为政府出台扶持政策提供了决策参考。并结合现代农业经营组织发展实际,预测现代农业经营组织未来发展趋势,提出不同类型产业化联合体、联合体生态化道路以及与互联网融合等研究范畴拓展的方向,强调多学科复合研究、实证研究和比较研究等研究方法的应用。

参 考 文 献

Ahituv, A. & Kimhi, A., Simultaneous estimation of work choices and the level of fare activity using panel data. European Review of Agricultural Economic, 2006, 33(1).

Alchian, A.A., Demsetz, H., Production, Information Costs and Economic Organization. The American Economic Review, 1972, 62(2).

Álvarez, J., Bilancini, E., D'Alessandro, S., Porcile, G., Agricultural institutions, industrialization and growth: the case of New Zealand and Uruguay in 1870–1940. Explorations in Economic History, 2011, 48(2).

Anaafo, D., Systems approach to pro-poor land reforms: A concept paper. Land Use Policy, 2013, 35(14).

Bardhan, P. K., Size, Productivity and Resturns to Scale: An analysis of Farm-level Data in Indian Agriculture. Journal of Political Economy, 1973, 81(6).

Beghin, J., Bureau, JC., Park, S., Food Security and Agricultural Protection in South Korea. American Journal of Agricultural Economics, 2003, 85(3).

Berry, R.A., Cline, W.R., *Agrarian Structure and Structure and Productivity in Developing Countries.* Baltimore: The Johns Hopkins University Press, 1979.

Boehlje, M., Industrialization of Agriculture: What Are the Implication? Choice, 1996, 11(1).

Booth, A. & Sundrum, R. M., *Labour Absorption in Agriculture.* New York: Oxford University Press, 1985.

Bredo, W., Rural Industrilization for Agricultural Development. Journal of Farm Economics, 1959, 41(5).

Brooks,J.,Policy coherence and food security : The effects of OECD countries' agricultural policies.Food Policy,2014,44(c).

Burke,M.,Land Reform and Its Effect upon Production and Productivity in the Lake Titicaca Region Bolivia. Economic Development and Cultural Change, 1972,18(4).

Candel,J.J.L.,Breeman,G.E.,Stiller,S.J.,Termeer,C.J.A.M.,Disentangling the consensus frame of food security:The case of the EU Common Agricultural Policy reform debate.Food Policy,2014,44(1).

Carter,M.R.,Identification of the Inverse Relationship between Farm Size and Productivity:An Empirical Analysis of Peasant Agricultural Production.Oxford Economic Papers,1984,36(1).

Carter,M.R.,Wiebe,K.D.,Access to Capital and its Impact on Agrarian Structure and Productivity in Kenya.American Journal of Agricultural Economics, 1990,72(5).

Chaddad, F. R. , Cook, M. L. , Understanding New Cooperative Models: An Ownership-Control Rights Typology.Review of Agricultural Economics,2004,26 (3).

Chayanov,A.V.,*The Theory of Peasant Economy*.Madison:Unversity of Wisconsin Press,1986.

Cheung, S., The Contractual Nature of the Firm. Journal of Law and Economics,1983,26(1).

Coase,R.H.,The Nature of the Firm.Economica,1937,4(16).

Coffey, J. D., Implications for Farm Supply Cooperatives of the Industrialization of Agriculture.American Journal of Agricultural Economics,1993, 75(5).

Cook,Michael,L.,The future of U.S.agriculture co-operatives:a Neo-Institutional approach.American Journal of Agricultural Economics,1995,77(5).

Cornia,G.A.,Farm size,land yields and the agricultural production function: An analysis for fifteen developing countries.World Development,1985,13(4).

Danbom,D.B.,Every Farm a Factory:The Industrial Ideal in American Agriculture by Deborah Fitzgerald.Technology and Culture,2003,44(4).

Deininger, K., Collective Agricultural Production: A Solution For Transition Economies. World Development, 1995, 23(8).

Deolalikar, A.B., The inverse relationship between productivity and farm size: a test using regional data from India. American Journal of Agricultural Economics, 1981, (63).

Divila, E., Sokol, Z., Transformation of the Agricultural Sector: Conceptual Questions of Forming New Entrepreneurial Entities in Czech Agriculture. Eastern European Economics, 1994, 32(5).

Dixit, A.K. and Stiglitz, J.E., Monopolistic Competition and Optimum Product Diversity. American Economic Review, 1977, 67(3).

Dolev, Y. and Kimhi, A., Does Farm Size Really Converge? The Role of Unobserved Farm Efficiency, working paper, The Center for Agricultural Economic Research of the Hebrew University, October, 2008.

Echevarria, C., Agricultural Development vs. Industrialization: Effects of Trade. The Canadian Journal of Economics, 1995, 28(3).

Emelianoff, I.V., Economic theory of cooperation: economic structure of cooperative organizations. Washington D.C.: Edwards Brothers, 1942.

Enke, S., Consumer cooperatives and economic efficiency. The American Economic Review, 1945, 35(1).

Enke, S., Industrialization Through Greater Productivity in Agriculture. The Review of Economics and Statistics, 1962, 44(1).

Erdei, F., Theoretical Problems of Farm Organization and Management. Acta Oeconomica, 1966, 1(1/2).

Fama, E.F., Jensen, M.C., Separation of Ownership and Control. Journal of Law and Economics, 1983, 26(2).

Feder, G. and Nishio, A., The Benefits of Land Registration and Titling: Economic and Social Perspectives. Land Use Policy, 1998, 15(1).

Foster, P., Analyzing Systems of Agricultural Resource Organization. Journal of Farm Economics, 1966, 48(2).

Franks, J., Boundary organizations for sustainable land management: The example of Dutch Environment Co-operative. Ecological Economics, 2010, 70(2).

Fulton, M., The Future of Cooperatives in Canada: A pProperty Rights Approach.American Journal of Agricultural Economics, 1995, 77(5).

Gardner, B. L., Lerman, Z., Agricultural Cooperative Enterprise in the Transition from Socialist Collective Farming.Journal of Rural Cooperation, 2006, 34 (1).

Geertz, C., The Integrative Revolution: Primordial Sentiments and Civil Politics in the New States, Old societies and new states.Family Process , 1963, 50 (12).

Gill, S.S., Changing Land Relations in Punjab and Implications for Land Reforms.Economic and Political Weekly, 1989, 24(25).

Hall, B.F., LeVeen, E.P., Farm Size and Economic Efficiency: The Case of California.American Journal of Agricultural Economics, 1978, 60(4).

Harris, A., Stefanson, B., Fulton, M.E., New Generation Cooperatives and Cooperative Theory.American Cooperation, 1996, 11.

Hartvigsen, M., Land reform and land fragmentation in Central and Eastern Europe.Land Use Policy, 2014, 36(1).

Heltberg, R., Rural Market Imperfections and the Farm Size Productivity Relationship: Evidence from Pakistan, World Development, 1998, 26(10).

Ho, S.P.S., Lin, G.C.S., Emerging Land Markets in Rural and Urban China: Policies and Practices.The China Quarterly, 2003, 175(175).

Hoque A., Farm Size and Economic-Allocative Efficiency in Bangladesh Agriculture.Applied Economics , 1988, 20(10).

Jansen, J., Van, B.H., Renes, R.J., Van, S.G., Lam, T.J., Leeuwis, C., Explaining mastitis incidence in Dutch dairy farming: The influence of farmers, attitudes and behavior.Preventive Veterinary Medicine, 2009, 92(3) .

Jensen, M. C., Meckling, W. H., Theory of the Firm: Managerial Behavior, Agency Cost, and Ownership Structure. Journal of Financial Economics, 1976, 3 (4).

Jensen, M.L.& Bateman, A.M., *Economic Mineral Deposits*. New York, Chichester, Brisbane and Toronto, 1979.

John, G., Thompson. Mobility of the Factors of Production as Affecting

Variation in Their Proportional Relation to Each Other in Farm Organization. The Journal of Political Economy,1921,29（2）.

Johnsen,S.,The redefinition of family farming: agricultural restructuring and farm adjustment in Waihemo,New Zealand.Journal of Rural Studies,2004,20(4).

King,M.B.,Interpreting the Consequences of Midwestern Agricultural Industrialization.Journal of Economic Issues,2000,34(2).

Lin,G.C.S.and Ho,S.P.S.,The state,Land System ,and Land Development Processes in Contemporary China.Annals of the Association of American Geographers,2005,95(2).

Lin,J.Y.,Rural Reforms and Agricultural Growth in China.The American Economic Review,1994,82(1).

Lu,Q.,Liang,F.,Bi,X.,Effects of Urbanization and Industrialization on agricultural land use in Shandong Peninsula of China.Ecological Indicators,2011,11 (6).

Lyson,T.A.,Welsh,R.,Agricultural industrialization,anticorporate farming laws,and rural community welfare.Environment and Planning,2005,37(1).

Mackenzie,W.,The Implementation of Agricultural Policies: Organization, Management,and Institutions by Guy Hunter.Canadian Journal of African Studies, 1975,9(2).

Michael,L.,Cook,The Future of U.S.Agricultural Cooperatives: A Neo－Institutional Approach.American Journal of Agricultural Economics,1995,77(5).

Moreno－Pérez ,O.M.,Arnalte－Alegre ,E.,Ortiz－Miranda,D.,Breaking down the growth of family farms: A case study of an intensive Mediterranean agriculture.Agricultural Systems,2011,104(6).

Newell,A.,Pandya,K.,Symons,J.,Farm Size and the Intensity of Land Use in Gujarat.Oxford Economic Papers,1997,49(2).

Patnaik,U.,Export－Oriented Agriculture and Food Security in Developing Countries and India.Economic & Political Weekly,1996,31(35).

Pelosi,C.,Goulard,M.,Balent,G.,The spatial scale mismatch between ecological processes and agricultural management: Do difficulties come from underlying theoretical frameworks? Agriculture, Ecosystems and Environment,

2010,139(4).

Phillips,R.,Economic Nature of the Cooperative Association.Journal of Farm. Economies,1953,9(1).

Pritchard,M.F.,Land,power and peace:Tenure formalization,agricultural reform,and livelihood insecurity in rural Rwanda.Land Use Policy,2013,30(1).

Prosterman,R.,Hanstad,T.,Li ,P.,Large-Scale farming in China:An appropriate policy? Journal of Contemporary Asia,1998,28(1).

Râmniceanu,I.,Ackrill,R.,EU rural development policy in the new member states.Promoting Multifunctionality,2007,23(4).

Rawal,V.,Agrarian Reform and Land Market:A Study of Land Transaction in Two Villages of West Bengal(1977-1995).Economic Development and Cultural Change,2001,49(3).

Reardon,T.,Kelly,V.,Crawford,E.,Determinations of Farm Productivity in Africa:A Synthesis of Four Case Studies.Oxford Economic Papers,1997,49(2).

Reinoehl,F. W.,Farm Management,Organization and Practice. Journal of Farm Economics,1933,15(1).

Romer,P.,Growth Based on Increasing Returns Due to Specialization. American Economic Review,1987,77(2).

Sen, A. K., Peasanta and dualism with or without surpluslabor. JPE (10),1966.

Sexton,R.J.,The Formation of Cooperatives:A Game — Theoretic Approach with Implications for Cooperative Finance,Decision Making and stability.American Journal of Agricultural Economics,1986,68(2).

Skogstad,G.,Ideas,Paradigms and Institutions:Agricultural Exceptionalism in the European Union and the United States.Journal of Policy and Administration, 1998,11(4).

Spielman,D.J.,Kolady,D.E.,Cavalieri,A.,Rao,N.C.,The Seed and Agricultural Biotechnology Industries in India:An analysis of Industry Structure,Competition,and Policy Options.Food Policy,2014,45(3).

Sykuta,M.E.,Cook,M.L.,A New Institutional Economics Approach to Contracts and Cooperatives.American Journal of Agricultural Economics,2001,83(5).

Tebeaux, E. , English Agriculture and Estate Management Instructions, 1200–1700: From Orality to Textuality to Modern Instructions.Technical Communication Quarterly, 2010, 19(4).

Townsend, R.F. , Kirsten, J.and Vink, N. , Farm Size Productivity and Returns to Scale in Agriculture Revisited: A Case Study of Wine Producers in South A frica.Agricultural Economics, 1998 , 19(1).

Vachadze, G. , Land market liberalization, transfer of agricultural technology, and the process of industrialization.Land Use Policy, 2013, 35 (14).

Velandia, M. , Factors affecting farmers' utilization of agricultural risk management tools: the case of crop insurance, forward contracting, and spreading sales. Journal of Agricultural & Applied Economics, 2009, 41(1).

Vogel, S.J. , Structural Changes in Agriculture: Production Linkages and Agricultural Demand – Led Industrialization. Oxford Economic Papers, New Series, 1994, 46(1).

Wan, J. , Wan, Z. , Liu, J. , Su, K. , Li, H. , Hu, X. , Monitoring the Impact of Land Reform on Quality of live: A South African Case Study.Social Indicators Research , 2002, 58(1).

Wang, Z. , The Growth of China' s Private Sector: A Case Study of Zhejiang Province.China and World Economy, 2006, 14(3).

Watkins, K. , Agriculture and Food Security in the GATT Uruguay Round.Review of African Political Economy, 1991, 18(18).

Yang, D. , Liu.Z. , Does Farmer Economics Organization and Agricultural Specialization Improve Rural Income? Evidence from China. Economic Modelling, 2012, 29(3).

Yuen, S. , China's New Rural Land Reform? Assessment and Prospects.China Perspectives, 2014, (1).

Zeuli, K. , Freshwater, D. , Markley, D. , Cooperatives in Rural Community Development: A New Framework for Analysis.Journal of the Community Development Society, 2004, 35(2).

Zezza, A. , Tasciotti, L. , Urban agriculture, poverty, and food security: Empirical evidence from a sample of developing countries.Food Policy, 2010, 35(4).

Zhao,J.,Luo,Q.,Deng,H.,Yan,Y.,Opportunities and Challenges of Sustainable Agricultural Development in China.Philosophical Transactions:Biological Sciences,2011,363(1492).

[美]阿尔奇安、德姆塞茨:《出产、信息成本与生产合作社》,载德姆塞茨《占有权、扼制与公司》,北京:经济科学出版社,1999年。

[美]阿林·杨格:《报酬递增与经济进步》,《经济社会体制比较》1996年第2期。

[美]舒尔茨著、梁小民译:《改造传统农业》,北京:商务印书馆,1987年。

[日]速水佑次郎、神门善久:《农业经济论》,北京:中国农业出版社,2003年。

白萍、龚新蜀:《基于SCP范式的新疆农业产业组织实证研究》,《上海经济研究》2008年第6期。

蔡海龙:《农业产业化经营组织形式及其创新路径》,《中国农村经济》2013年第11期。

崔宝玉、刘峰:《快速发展战略选择下的合作社政府规制及其改进》,《农业经济问题》2013年第2期。

柴振国、袁菲:《农村土地承包经营权流转问题探讨》,《河北大学学报(哲学社会科学版)》2009年第6期。

蔡荣、祁春节:《农业产业化组织形式变迁——基于交易费用与契约选择的分析》,《经济问题探索》2007年第3期。

陈惠珍:《论农村土地承包经营权的流转问题》,《中山大学研究生学刊(社会科学版)》2011年第2期。

陈俊华:《福建农业产业化龙头企业经营效率增长机理研究》,福建农林大学博士学位论文,2012年。

陈念东:《农业产业化生产经营模式中利益主体的行为博弈及优化策略》,《理论探讨》2013年第2期。

陈楠:《农民生产经营组织化国内外研究进展与述评》,《中国农机化学报》2013年第4期。

陈小林:《农村土地承包经营权流转调查与思考》,《经济理论与经济管理》2011年第7期。

陈晓华:《现代农业发展与农业经营体制机制创新》,《农业经济问题》

2012 年第 11 期。

陈锡文:《中国特色农业现代化的几个主要问题》,《改革》2012 年第 10 期。

程宗璋:《关于农村土地承包经营权继承的若干问题》,《中国农村经济》2002 年第 7 期。

池泽新、郭锦墉:《制度经济学的逻辑与中国农业经济组织形式的选择》,《中国农村经济》2003 年第 11 期。

戴伟娟:《城市化进程中农村土地流转问题研究——基于制度分析的视角》,上海社会科学院博士学位论文,2010 年。

邓俊锋:《河南省现代农业经营方式的实践与评价》,《中国集体经济》2008 年第 15 期。

丁关良:《农村土地承包经营权转让研究》,《经济地理》2006 年第 S1 期。

丁关良:《土地承包经营权流转的分类研究》,《经济问题》2008 年第 5 期。

丁关良、李贤红:《土地承包经营权流转内涵界定研究》,《浙江大学学报(人文社会科学版)》2008 年第 6 期。

杜鹰:《农业产业化经营中国式的农业现代化之路》,《中国经贸导刊》2004 年第 19 期。

杜志雄、王新志:《中国农业基本经营制度变革的理论思考》,《理论探讨》2013 年第 4 期。

范小建:《新形势下推进农业产业化的思考》,《中国农村经济》2003 年第 3 期。

方志权:《农村土地承包经营权流转市场运行机制研究》,《科学发展》2010 年第 4 期。

冯开文:《村民自治、合作社和农业产业化经营制度的协调演进》,《中国农村经济》2003 年第 2 期。

冯小:《新型农业经营主体培育与农业治理转型——基于皖南平镇农业经营制度变迁的分析》,《中国农村观察》2015 年第 2 期。

高富平:《农村土地承包经营权流转与农村集体经济的转型》,《上海大学学报》2012 年第 4 期。

高圣平:《土地承包经营权权能论纲——以处分权能为中心》,《社会科学》2012 年第 7 期。

葛田：《基于交易费用理论农业产业化经营模式研究》，《学术理论》2013年第 11 期。

苟露峰等：《新型农业经营主体技术选择的影响因素》，《中国农业大学学报》2015 年第 1 期。

龚松柏、闪月：《农业的多功能性与中国新型农业经营体系的构建》，《中共浙江省委党校学报》2015 年第 2 期。

郭静利：《农业产业链稳定机制研究》，中国农业科学院博士学位论文，2010 年。

郭晓鸣、廖祖君、付饶：《龙头企业带动型、中介组织联动型和合作社一体化三种农业产业化模式的比较——基于制度经济学视角的分析》，《中国合作经济评论》2013 年第 3 期。

郭忠兴、刘小红、陈兴雷：《完善土地承包经营权权能的路径研究》，《南京农业大学学报（社会科学版）》2007 年第 2 期。

郭正模：《从自助、合作到农业产业化经营实体》，《社会科学研究》1998年第 1 期。

贺雪峰：《论农地经营的规模——以安徽繁昌调研为基础的讨论》，《南京农业大学学报（社会科学版）》2011 年第 2 期。

韩长赋：《新农村建设与农业产业化》，《农村经营管理》2006 年第 4 期。

韩长赋：《深入学习贯彻党的十八大精神 大力提升农业产业化引领现代农业发展水平》，《农家参谋（种业大观）》2012 年第 12 期。

贺振华：《农户兼业及其对农村土地流转的影响——一个分析框架》，《上海财经大学学报》2006 年第 2 期。

贺振华：《农户外出、土地流转与土地配置效率》，《复旦学报（社会科学版）》2006 年第 4 期。

何艳桃、王礼力：《中国农业经营组织的生态绩效评估方法研究》，《重庆大学学报》2008 年第 4 期。

黄宗智：《中国农业面临的历史性契机》，《读书》2006 年第 10 期。

黄胜忠：《农业合作社的环境适应性分析》，《开放时代》2009 年第 4 期。

胡必亮：《究竟应该如何认识中国的农业、农村、农民问题》，《中国农村经济》2003 年第 8 期。

黄季焜、冀县卿:《农地使用权确权与农户对农地的长期投资》,《管理世界》2012年第9期。

黄蕾:《农业产业化经营组织比较及农民专业合作经济组织的构建与运行》,南昌大学博士学位论文,2006年。

黄晓平:《财政支持新型农业经营主体发展研究》,《当代农村财经》2015年第1期。

胡胜德:《培育多元化经营主体构建新型农业经营体系》,《农业经济与管理》2013年第1期。

黄祖辉、汪晖:《非公共利益性质的征地行为与土地发展权补偿》,《经济研究》2002年第5期。

姜长云:《农业产业化组织创新的路径与逻辑》,《改革》2013年第8期。

蒋永穆、高杰:《农业经营组织与农业产业体系的多层级共同演化机理》,《财经科学》2013年第4期。

蒋永穆:《我国农业产业化经营组织的形成路径及动因分析》,《探索》2012年第3期。

简建平、张丽霞:《农业产业化经营的交易费用分析》,《乡村经济》2009年第6期。

孔祥智、史冰清:《我国农民专业合作经济组织发展的制度变迁和政策评价》,《农村经营管理》2008年第11期。

雷俊忠:《中国产业化经营的理论与实践》,西南财经大学博士学位论文,2004年。

廖洪乐:《农户兼业及其对农地承包经营权流转的影响》,《管理世界》2012年第5期。

李安方:《智库产业化发展的基本特征与操作》,《重庆社会科学》2012年第6期。

李炳坤:《发展现代农业与龙头企业的历史责任》,《农业经济问题》2006年第9期。

李宾、马九杰:《劳动力转移、农业生产经营组织创新与城乡收入变化影响研究》,《中国软科学》2014年第7期。

李国祥:《让农业龙头企业合理承受社会经济责任》,《农村工作通讯》2011年第14期。

李建中、方明：《我国当前农业经营方式的缺陷与改革模式》，《农业经济问题》2006 年第 12 期。

李杰义：《农业产业链视角下的区域农业产业发展》，同济大学博士学位论文，2008 年。

李俊超：《农业经营形式"三大新趋势"——公司化、园区化、合作化》，《江苏农村经济》2007 年第 12 期。

李孟刚：《产业安全理论研究》（第三版），北京：经济科学出版社，2012 年。

李孟刚：《中国产业安全问题研究》，北京：社会科学文献出版社，2013 年。

李明贤、樊英：《经营模式、经营特性与农民专业合作社的发展研究——基于湖南省浏阳市三家典型蔬菜类合作社的研究》，《农业经济问题》2014 年第 2 期。

李铜山、刘清娟：《新型农业经营体系研究评述》，《中州学刊》2013 年第 3 期。

李行天：《土地流转视角下新型农业经营主体的培育与发展》，《中国物价》2015 年第 3 期。

李树超：《农业经营体制和运行机制的创新探讨》，《莱阳农学院学报（社会科学版）》2006 年第 2 期。

李勇、杨卫忠：《农户农地经营权和宅基地使用权流转意愿研究——以嘉兴市"两分两换"为例》，《农业技术经济》2013 年第 5 期。

梁丹辉、江晶：《基于农业生产要素变化：探析国家现代农业示范区发展问题》，《农业经济》2014 年第 8 期。

廖祖君、郭晓鸣：《中国农业经营组织体系演变的逻辑与方向：一个产业链整合的分析框架》，《中国农村经济》2015 年第 2 期。

刘德骥：《关于发展农村"大户经济"的调查》，《四川行政学院学报》2004 年第 2 期。

刘欢：《论农业经营主体与现代农业企业化经营》，《当代经济》2015 年第 9 期。

刘婧：《农业专业合作社的规模经济和范围经济研究》，西北农林科技大学博士学位论文，2012 年。

刘婷婷、刘钟钦、吴东立、于丽红:《农户土地承包经营权抵押意愿及其影响因素分析——基于 237 个样本农户的调查》,《农村经济》2013 年第 2 期。

刘亚丁、杨秀文:《农村土地承包经营权流转中村委会的角色定位》,《农村经济》2011 年第 3 期。

刘劲松:《农业合作经济组织主题模式及治理机制研究》,《现代农业科技》2008 年第 20 期。

刘文勇:《关于中国农村土地流转的一个制度分析》,北京:中国人民大学出版社,2013 年。

林善浪:《国外土地产权的发展趋势及其对我国农地制度改革的启示》,《福建师范大学学报(哲学社会科学版)》2000 年第 1 期。

林洪涛、张瑜、刘书棋:《农业产业化经营利益分配机制问题探析》,《边疆经济与文化》2004 年第 4 期。

卢春华:《农业产业化经营利益机制构建——以延边地区为例》,《延边大学学报》2009 年第 6 期。

罗必良:《农业经济组织的效率决定——一个理论模型及其实证研究》,《学术研究》2004 年第 8 期。

罗必良:《家庭经营仍是新型农业经营体系基础》,《中国合作经济》2014 年第 3 期。

吕萍:《土地承包经营权流转:权益的保障与规范》,《中国土地科学》2009 年第 7 期。

吕敏、陈会英、刘树云:《农业产业组织创新与农民增收效应研究》,《山东农业大学学报(社会科学版)》2003 年第 1 期。

孟丽等:《我国新型农业经营主体功能定位及结构演变研究》,《农业现代化研究》2015 年第 1 期。

孟玉静:《我国新型农业经营体系构建路径研究》,西南财经大学博士学位论文,2014 年。

穆松林、张义丰、高建华等:《村域土地承包经营权流转价格研究》,《资源科学》2011 年第 5 期。

聂晶、张明林:《基于新兴古典主义分工理论的农业产业化分析》,《安徽大学学报》2007 年第 6 期。

聂苏:《"十三五"安徽农业应有五个新作为》,《安徽日报》2015 年 8 月 3 日。

牛若峰:《农业产业化经营发展的观察和评论》,《农业经济问题》2006 年第 3 期。

彭海红等:《大力推进农业生产经营组织形式多样化发展》,《前线》2014 年第 1 期。

彭群:《国内外农业规模经济理论研究述评》,《中国农村观察》1999 年第 1 期。

钱忠好:《农地承包经营权市场流转:理论与实证分析——基于农户层面的经济分析》,《经济研究》2003 年第 2 期。

钱克明、彭廷军:《关于现代农业经营主体的调研报告》,《农业经济问题》2013 年第 6 期。

钱影:《土地承包经营权的基本权属性研究》,《中国土地科学》2008 年第 11 期。

漆彦忠:《现代农业经营体系中家庭农场的生命力及社会化生产》,《长白学刊》2015 年第 2 期。

屈学书:《我国家庭农场发展问题研究》,山西财经大学博士学位论文,2014 年。

任伯琪:《基于产业链的农业产业组织成长路径分析》,《企业研究》2014 年第 4 期。

任巧巧:《基于 SWOT 分析的农业企业发展战略选择》,《农业经济问题》2005 年第 4 期。

阮文彪:《论农民合作组织与市场农业发展》,《安徽农业大学学报(社会科学版)》2004 年第 1 期。

邵科、段晋苑:《新型农业经营体系的内涵、特征与构建对策》,《上海农村经济》2014 年第 2 期。

沈雅琴:《对当前我国农业产业化演进的再思考》,《当代经济研究》2005 年第 12 期。

邵喜武、郭庆海:《吉林省农业产业化龙头企业技术推广的对策研究》,《吉林农业大学学报》2004 年第 5 期。

宋杨:《农民专业合作经济组织制度创新研究》,中国海洋大学博士学位论文,2010 年。

宋瑛:《农户参与农业产业化经营组织:影响因素及绩效评价》,西南大学博士学位论文,2014 年。

石强、刘友兆:《基于产权经济学理论的农地承包经营权重构》,《农村经济》2007 年第 12 期。

石胜尧:《土地承包经营权的继承:流转的依据与对策》,《中国土地经济》2010 年第 1 期。

史月兰:《我国农业发展中的规模经济实现途径探讨》,《理论与改革》2009 年第 4 期。

邵峰:《论农业经营体制创新》,《农业经济问题》2003 年第 9 期。

邵喜武、郭庆海:《吉林省农业产业化龙头企业技术推广的对策研究》,《吉林农业大学学报》2004 年第 5 期。

邵腾伟:《基于转变农业发展方式的农户联合与合作经营研究》,重庆大学博士学位论文,2011 年。

邵科、段晋苑:《新型农业经营体系的内涵、特征与构建对策》,《上海农村经济》2014 年第 2 期。

盛洪:《分工与交易》,上海:上海三联书店,1994 年。

施永基:《江苏扬子小麦良种生产经营联合体成立》,《种子世界》1988 年第 8 期。

孙正东:《县域经济生态化发展的一种实践探索》,《经济管理》2011 年第 11 期。

孙正东:《现代农业产业化联合体运营效益分析——一个经验框架与实证》,《华东经济管理》2015 年第 5 期。

孙正东:《安徽省现代生态农业产业化发展战略定位分析》,《安徽大学学报(哲学社会科学版)》2015 年第 6 期。

孙正东:《论现代农业产业化的联合机制》,《学术界》2015 年第 7 期。

孙正东:《加快培育联合体打造紧密新联盟》,《农村工作通讯》2015 年第 20 期。

孙中华:《大力培育新型农业经营主体夯实建设现代农业的微观基础》,《农村经营管理》2012 年第 1 期。

田静婷:《中国农地法律制度的困境及其对策——日本农地法律制度对

中国的启示》,《西北大学学报(哲学社会科学版)》2009年第6期。

田志宏、刘艺卓:《大力培育新型农业生产经营主体积极推进农业现代化建设》,《中国经济分析与展望(2012-2013)》,社会科学文献出版社,2013年。

王礼力、赵晓锋、王来江:《论农户选择农业经营组织形式的成本决定》,《西北农林科技大学学报(社会科学版)》2002年第3期。

王国敏:《论农业产业组织的创新与发展》,《四川大学学报(哲学社会科学版)》2000年第4期。

王培先:《适度规模经营:我国农业现代化的微观基础——一个新的分析框架》,复旦大学博士学位论文,2003年。

王恺:《新型农业生产经营主体风险管理问题探析》,《安徽农业科学》2015年第15期。

王晓庆:《安徽省宿州市由农业大市向农业强市转变的实践与探索》,《农业问题研究》2013年第11期。

王瑜、黄蓓、杨翠迎:《农地社会保障功能弱化与农村社会保障制度建设》,《农村金融研究》2011年第4期。

王阳:《要素流动对发达国家农业经济发展的影响研究》,《世界经济》2014年第4期。

汪发元:《新型农业经营主体成长面临的问题与化解对策》,《经济纵横》2015年第2期。

温铁军、朱守银:《中国农村基本经营制度试验研究》,《中国农村经济》1996年第1期。

伍振军、张云华、孔祥智:《交易费用、政府行为和模式比较:中国土地承包经营权流转实证研究》,《中国软科学》2011年第4期。

吴璟、孙秀艳:《上海农业产业组织模式的理论和实证分析》,《安徽农业科学》2006年第4期。

吴晓迪:《借鉴国外经验促进中国特色农业发展的思考》,《世界农业》2014年第2期。

许恒周、郭忠兴:《农村土地流转影响因素的理论与实证研究——基于农民阶层化与产权偏好的视角》,《中国人口资源与环境》2011年第3期。

徐庆、尹荣梁、章辉:《规模经济、规模报酬与农业适度规模经营——基于我国粮食生产的实证研究》,《经济研究》2010年第3期。

肖良、周思山:《农业经营体制机制的主体创新研究——以宿州市农民专业合作社为例》,《绥化学院学报》2015年第2期。

谢存海:《积极促进农业经营模式创新》,《现代农业装备》2015年第1期。

谢小蓉、傅晨:《2000-2007:中国农村土地使用权流转研究综述》,《财贸研究》2011年第9期。

杨斌:《提高农业经营主体竞争力问题研究》,《陕西农业科学》2006年第1期。

杨丙军:《中国农村土地产权机制分析及对策》,《经济问题》2009年第8期。

杨丹:《农民经济合作组织对农业分工和专业化发展的促进作用研究——基于中国家庭生产方式背景的分析》,西南大学博士学位论文,2011年。

杨光:《我国农村土地承包经营权流转的困境与路径选择》,《东北师范大学学报(哲学社会科学版)》2012年第1期。

杨国玉、武小惠:《农业大户经营方式:中国农业第二个飞跃新路径》,《福建行政学院福建经济管理干部学院学报》2004年第3期。

杨明洪:《农业产业化经营组织形式演进:一种基于内生交易费用的理论解释》,《中国农村经济》2002年第10期。

杨万江:《以家庭农场为基础构建现代农业经营体系研究》,《湖州师范学院学报》2014年第7期。

杨小东:《农地承包制下农业经营组织的演进与绩效分析——一个制度经济学的视角》,《农业经济问题》2009年第8期。

杨小凯:《经济学:新兴古典与新古典框架》,北京:社会科学文献出版社,2003年。

杨继瑞:《土地承包经营权市场化流转的思考与对策》,《经济社会体制比较》2010年第3期。

杨孝伟等:《新型农业经营主体构建中龙头企业与农民合作社利益联结模式研究》,《商业经济研究》2015年第14期。

杨艳琳、陈银娥:《农业结构调整、农业产业化与社会主义新农村建设的产业支撑》,《湖北经济学院学报》2007 年第 2 期。

姚本安:《我国农业产业组织的典型模式研究》,《经济纵横》2011 年第 11 期。

姚寿福:《专业化与农业发展——理论与中国实证研究》,西南财经大学博士学位论文,2004 年。

严瑞珍:《农业产业化是我国农村经济现代化的必由之路》,《经济研究》1997 年第 10 期。

叶剑平、丰雷、蒋妍等:《2008 年中国农村土地使用权调查研究:17 省份调查结果及政策建议》,《管理世界》2010 年第 1 期。

衣保中、郑丽:《日本农协在农业产业化中的作用》,《农业经济》2006 年第 4 期。

尹志超:《农业产业化的交易费用分析》,《江西财经大学学报》2003 年第 2 期。

苑鹏:《中国农村市场化进程中的农民合作组织研究》,《中国社会科学》2001 年第 6 期。

袁迎珍:《农业合作组织:历史变迁和制度演进——推进我国农业经营组织化的新制度经济学分析》,《经济问题》2004 年第 2 期。

于建嵘、石凤友:《关于当前我国农村土地确权的几个重要问题》,《东南学术》2012 年第 4 期。

于亢亢等:《现代农业经营主体的变化趋势与动因——基于全国范围县级问卷调查的分析》,《中国农村经济》2012 年第 10 期。

曾福生、曾超群、文雄:《农地流转的理论模式与机制构建》,北京:中央编译出版社,2012 年。

曾冠琦、孙养学:《农户对"家庭农场"的持续参与意愿及其影响因素的机理研究——以上海松江地区为例》,《广东农业科学》2014 年第 19 期。

张忠明、钱文荣:《农民土地规模经营意愿影响因素实证研究——基于长江中下游区域的调查分析》,《中国土地科学》2008 年第 3 期。

张丁、万蕾:《农户土地承包经营权流转的影响因素分析——基于 2004 年的 15 省(区)调查》,《中国农村经济》2007 年第 2 期。

张红宇:《新型农业经营主体发展趋势研究》,《农业经济研究》2015 年第 1 期。

张明权、徐志连：《农业产业联合体释放乘法效应》，《农村经营管理》2013 年第 7 期。

张晓丽：《关于建立家庭农场的经济学思考》，《改革与战略》2001 年第 3 期。

张晓山：《创新农业基本经营制度发展现代农业》，《农业经济问题》2006 年第 8 期。

张晓山：《创新农民经济组织发展现代农业》，《新视野》2007 年第 6 期。

张晓山：《大户和龙头企业领办合作社是当前中国合作社发展的现实选择》，《中国合作经济》2012 年第 4 期。

张照新、赵海：《新型农业经营主体的困境摆脱及其体制机制创新》，《改革》2013 年第 2 期。

张义珍、蔺丽莉、张素罗：《河北省农业经营主体组织化现状与启示》，《农业经济问题》2002 年第 3 期。

赵佳、姜长云：《农民专业合作社的经营方式转变与组织制度创新：皖省例证》，《改革》2013 年第 1 期。

赵凯：《中国农业经济合作组织发展研究》，西北农林科技大学博士学位论文，2003 年。

赵晓飞、李崇光：《"农户—龙头企业"的农产品渠道关系稳定性：理论分析与实证检验》，《农业技术经济》2007 年第 5 期。

郑定荣：《重新构建农村经营新体制——农业产业联合体问题探讨》，《广东经济月刊》2003 年第 10 期。

钟文晶、罗必良：《禀赋效应、产权强度与农地流转抑制——基于广东省的实证分析》，《农业经济问题》2013 年第 3 期。

周东娥：《论农业产业化与农业规模经济》，《湖南农业大学学报》2002 年第 2 期。

周晗、姚国强：《嘉兴市秀洲区农业产业主体发展模式的探讨》，《浙江农业科学》2012 年第 6 期。

周立群、曹利群：《农村经济组织形态的演变与创新——山东省莱阳市农业产业化调查报告》，《经济研究》2001 年第 1 期。

周淑景：《法国农业经营组织体系的变化与发展》，《中国农村经济》2002 年第 10 期。

邹秀清:《土地承包经营权权能拓展与合理限制研究》,北京:中国社会科学出版社,2013 年。

朱学新:《家庭农场是苏南农业集约化经营的现实选择》,《农业经济问题》2006 年第 12 期。

朱颖:《我国粮食生产组织形式创新研究——基于种粮专业合作社的视角》,西南财经大学博士学位论文,2012 年。

祝之舟:《论农村土地承包经营权的身份属性——从农村户口迁移引发的土地承包经营权流转困境谈起》,《农村经济》2011 年第 6 期。

现代农业产业化联合体总体情况调查表

（市农委产业化科填写）

省辖市名称：　　　　　　　　　　　填写日期：

行业大类	经营类型	项　　目
粮油类	生产类	
	加工类	
	服务类	
	综合类	
畜牧类	生产类	
	加工类	
	服务类	
	综合类	

行业大类	经营类型	项　　目
特色类	茶叶类	
	茧丝类	
	中药材类	
	林特类	
	水产类	
	蔬菜类	
	休闲观光农业	

注:行业大类、经营类型按照龙头企业所属行业、经营性质来确认。

附录二

龙头企业调查表

（典型龙头企业填写）

龙头企业名称：　　　　　　　　　　　填写日期：

项　目	2010	2011	2012	2013	2014
总产量(公斤或棵)					
总销售收入(万元)					
总税收(万元)					
总税后利润(万元)					
种植环节收入(万元)					
加工环节收入(万元)					
门店销售收入(万元)					
电子商务收入(万元)					
物流收入(万元)					
新增投资(万元)					
土地整理支出(万元)					
员工数量(个)					
技术人员(个)					
专利技术(个)					
专业合作社(个)					
家庭农场(个)					
专业大户(个)					
家庭农户(个)					

项　目	2010	2011	2012	2013	2014
流转面积(亩)					
农民科技培训支出(万元)					
社会化服务率(%)					
合同履行率(%)					
"三品"认证数(个)					
知名品牌数(个)					

专业合作社调查表

（典型专业合作社填写）

专业合作社名称：　　　　　　　　　填写日期：

项　目	2010	2011	2012	2013	2014
生产环节收入（万元）					
加工环节收入（万元）					
服务环节收入（万元）					
原料溢价收入（万元）					
员工数量（个）					
技术人员（个）					
专利技术（个）					
"三品"认证数（个）					
知名品牌数（个）					
农民科技培训支出（万元）					
职业农民（人）					
家庭农户（个）					
流转面积（亩）					
职业农民年均收入（万元）					
传统农民年均收入（万元）					
合同履行率（%）					
优质良种率（%）					
有机施肥率（%）					

项　目	2010	2011	2012	2013	2014
优质农产品率(%)					
机械化率(%)					
节水灌溉率(%)					
机械施肥率(%)					
水肥一体化率(%)					
农药使用量(百亩)					
化肥使用量(百亩)					

附录四

专业大户和家庭农场调查表

（典型专业大户和家庭农场填写）

专业大户名称：　　　　　　　　　　　　　填写日期：

项　目	2010	2011	2012	2013	2014
种植面积(亩)					
亩产值(万元)					
土地整理支出(万元)					
亩旋耕成本(元)					
亩机插成本(元)					
亩虫防成本(元)					
亩机械施肥成本(元)					
亩机收成本(元)					
雇工人数(个)					
雇工天数(天)					
雇工日支出(元)					
亩均净收入(万元)					
合同履行率(%)					
职业农民年均收入(万元)					
传统农民年均收入(万元)					
优质良种率(%)					
有机施肥率(%)					
节水灌溉率(%)					

项　目	2010	2011	2012	2013	2014
机械化率(%)					
机械施肥率(%)					
水肥一体化率(%)					
优质农产品率(%)					
农药使用量(亩)					
化肥使用量(亩)					
"三品"认证个数(个)					
知名品牌个数(个)					

后　记

书稿即将付梓之际，心中无限感慨！经过近四年的苦苦思索和耕耘，《现代农业产业化联合体理论分析和实践范式研究》书稿终于完成了，心中不免有些欣慰。

我在基层工作多年，从1981年担任安徽省灵璧县植保站技术员开始，我就与农村、农业和农民结下了不解之缘。在最初从事农技推广技术员和后来担任省农业主管部门主要负责人的长期工作中，我坚持理论联系实际，边干边学，做到学习与工作相互促进。先后在《经济管理》《人民日报》《华东经济管理》《学术界》《安徽大学学报》《农民日报》等刊物发表理论文章多篇。承担中央党校"超越之路——中国特色的生态文明发展"课题，并出版了《中国特色的生态文明发展——安徽宁国市建设生态文明社会模式研究》一书。

2012年8月，我担任安徽省政府副秘书长，联系农业，连续3年牵头起草了安徽省委关于"三农"工作的一号文件。2015年3月，我担任安徽省农委主任。从2012年底开始，我一直把现代农业产业化联合体作为研究对象，并在指导工作中初见成效。2015年安徽省委一号文件明确提出，要出台培育现代农业产业化联合体的文件。2015年8月，安徽在全国省级政府层面第一个出台培育现代农业产业化联合体的指导意见,以及示范现代农业产业化联合体评选管理暂行办法。2016年,我又牵头起草了安徽省委一号文件。文件提出,以联合体组织打造企业生态圈,积极培育以龙头企业为核心、专业大户和家庭农场为基础、专业合作社为纽带的现代农业产业化联合体,形成要素、产业、利益紧密联结及生产、加工、服务为一体的新型农业经营组织联盟,力争到2020年,培育省级示范现代农业产业化联合体500个。2015年9月24日,在济南召开的全国农村工作座谈会上,我向中央农办负责同志提出了支持各地创建现代农业产业化示范联合体的建议,得到与会领导的认可。中央农办、农业部已将安徽省发展联合体的经验向全国推介。2015年12月24日,中央农村工作会议期间套开了全国农村改革试验区会议,宿州市代表安徽省介绍了发展现代农业产业化联合体的做法和经验。2016年7月25日,中农办在《农村要情》第52期刊登了安徽省探索与发展现代农业产业化联合体的典型经验。可以说,现代农业产业化联合体在安徽省已如火如荼地发展起来。《现代农业产业化联合体理论分析和实践范式研究》就是一本理论和实践紧密结合的最新研究成果。

《现代农业产业化联合体理论分析和实践范式研究》对现代农业产业化联合体的产生发展给予理论分析,并结合安徽省的实践进行实证研究。全书基于规模经济、交易费用、专业分工和利益博弈的理论视角,系统分析现代农业产业化联合体形成的动力机制、约束机制、作用机制、传导机制和演进过程,并率先界定了现代农业产业化联合体的内涵,构建了联合体的内部聚合标准和外在协作标准的实践范式。在实证研究基础上,本书还提出了联合体包含经济效益、社会效益和生态效益的综合效益分析概念性框架。

本书提出的探索构建品牌化运营的产品生态圈、联合体组织的企业生态圈和复合式循环的区域生态圈三位一体的发展模式，为其他地区发展生态农业提供了借鉴。

　　感谢书稿写作中给予我关心指导的领导和老师们。我要向我的博士生导师周道许先生表示感谢，周先生对经济问题的洞见，使我受益匪浅。感谢北京交通大学的李孟刚教授、周耀东教授、冯华教授和经济管理学院的老师们！还要感谢中央政策研究室冯海发局长、农业部农村经济研究中心宋洪远主任以及中国人民大学孔祥智教授！

　　由于本人学识尚浅，成稿仓促，书中难免有疏漏甚至错误之处，恳请读者给予批评指正。

孙正东

2016 年 9 月于合肥

责任编辑:刘　畅
封面设计:姚　菲

图书在版编目(CIP)数据

现代农业产业化联合体理论分析和实践范式研究/孙正东 著. —
　北京:人民出版社,2017.4
ISBN 978－7－01－017557－7

Ⅰ.①现…　Ⅱ.①孙…　Ⅲ.①农业产业化-研究-中国
Ⅳ.①F320.1

中国版本图书馆 CIP 数据核字(2017)第 072623 号

现代农业产业化联合体理论分析和实践范式研究
XIANDAI NONGYE CHANYEHUA LIANHETI LILUN FENXI HE SHIJIAN FANSHI YANJIU

孙正东　著

人 民 出 版 社 出版发行
(100706　北京市东城区隆福寺街 99 号)

北京汇林印务有限公司印刷　新华书店经销

2017 年 4 月第 1 版　2017 年 6 月北京第 2 次印刷
开本:880 毫米×1230 毫米 1/32　印张:7.5
字数:168 千字

ISBN 978－7－01－017557－7　定价:28.00 元

邮购地址 100706　北京市东城区隆福寺街 99 号
人民东方图书销售中心　电话 (010)65250042　65289539